「恵みの力は、弱さのなかでこそ発揮される」

アンドレ・ヴァン・カンペンハウド神父
司祭叙階70周年記念

教友社

司祭叙階70周年記念 感謝のミサ　2021.2.11.　カトリック横須賀・大津教会

司祭叙階　1950. 4. 2.　ベルギー・ルーヴェン

横浜教区脇田浅五郎司教の要請で
「現地教会援助者の宣教会（SAM）」
（ベルギー）から横浜教区司教館に
赴任. 1951. 3. 4.

赴任時の横浜・山手司教座教会

司教退任後の脇田神父（葉山 1952. 7.）

1962. 7.　ベルギー SAM の要請で、同宣教会の
総会に参加. 宣教会運営と神学校校長の任命.
1978 年 2 月までベルギーにて活動.

アンドレ・ボラン新会長（右）とカンペンハ
ウド神父（左）の新任を紹介する『SAM 会報』
（1962. 10. 31.）.

カンペンハウド神父は荒井勝三郎司教
のもと、横浜教区に復任（1978. 3. 4.）.
磯子教会に主任司祭として赴任.

磯子教会退任「サヨナラ　神父さま　1981. 5. 3.」

横須賀・大津教会（1981-1986）、横須賀・三笠教会（1986-1993）、三浦海岸教会（1993-1994）　主任司祭.

横須賀・大津教会　（聖堂献堂 1986）

復活祭（1993. 3. 27.）　横須賀・大津教会

菊名教会主任司祭を務め（1994-2000）、
2000年に叙階50周年記念ミサ.

菊名教会での記念ミサにはベルギー
からご親族も参加（2000.5.3.）.
妹エレーヌ、神父さま、弟フィリップ
夫妻、妹マリー・テレーズ（左より）

菊名教会でのお祝い

末吉町教会の主任司祭（2001-2007）をへて、2007年より横須賀・大津教会、三笠教会の協力司祭に.

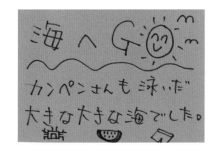

末吉町教会の臨海学校にて.

■　カンペンハウド神父　帰天　　2021 年 3 月 16 日

「恵みの力は、弱さのなかでこそ発揮される」

アンドレ・ヴァン・カンペンハウド神父
司祭叙階 70 周年記念

カンペンハウド神父記念誌編集委員会 ［編］

教 友 社

凡 例

・本書は、第1章：横浜司教区教区長梅村昌弘司教祝辞と司祭挨拶、第2章：信徒からの寄稿、第3章：カンペンハウド神父の講述・説教・ツイッター、第4章：宣教活動記録を掲載した。
・人名・地名などの表記は『岩波キリスト教辞典』（大貫隆・名取四郎・百瀬文晃編、岩波書店、2002年）を参照した。
・文中の聖書引用箇所は、『聖書新共同訳』（日本聖書協会、1987年）に準ずる。なおフランス語『聖書共同訳』（TOB, 1975）、ドイツ語『聖書カトリック共同訳』（Die katholische Einheitsübersetzung, 1980）、また英語『聖書』（CEB, 2011）を参照した。

"The power of grace is made perfect in weakness"
: The 70th Ordination Jubilee (Platinum Jubilee) of Priest André van Campenhaudt
Ed. by Toshiyoshi ENDO & Fujio MAEDA
Kyoyu-sha Publisher, 2021
ISBN 978-4-907991-77-7 ©

目　次

"The power of grace is made perfect in weakness"
:The 70th Ordination Jubilee (Platinum Jubilee) of Priest André van Campenhoudt

Table of contents

1.

主とともに

── あいさつ

祝　辞

——アンドレ・ヴァン・カンペンハウド神父様

カトリック横浜司教区教区長　司教　梅村 昌弘

　司祭叙階70周年、誠におめでとうございます。心からお慶び申し上げます。教区司教に就任して20年を越えますが、70周年のお祝いは初めての経験です。銀祝、金祝、ダイヤモンド祝以外の名称について定かでなかったので、人にお尋ねしたら「やはりプラチナ祝でしょう」と言われました。人生50年と言われていた時代にあって70歳は文字どおり「古来稀なり」だったと思いますが、寿命ではなく司祭叙階の年数ならば、更に稀なことであり稀有なことです。奇跡といっても過言ではありません。「神のはからいは限りなく、生涯わたしはその中に生きる」とまさに典礼聖歌で歌われるとおりだと誰しもが実感します。万歳、万歳と手放しで互いによろこび合いたいと思います。

　カンペンハウド神父様の司祭としてのこれまでの功績を振り返ることは容易ですが、祝辞ではなく弔事になってしまっては困るので今回は自粛しておきます。数々の偉業はさて置くとしても、現に司祭として働かれていること、そして何よりも司祭として元気に過ごしていてくださること自体が、同じキリストの司祭職に与るわたしたちにとって大きな励ましであり希望そのものです。勿論、信徒の皆さんにとっても然りだと思います。

　司教総代理を退かれてからも司教をいつも温かく見守り力づけ、献身的に支えてくださっている宣教師としての神父様の姿勢には、只々感謝の念で頭が下がるばかりです。改めて衷心より感謝と御礼を申し上げます。健康に留意され、これからも豊かな司牧経験を活かし、司祭職を全うしていただきたいと願っております。神父様の使徒職のうえに神さまの豊かな恵みを祈願し、感謝のうちに使徒的祝福をお送りいたします。

感謝と祈りのうちに

ともにイエスの弟子としての喜びを生きる
——わが師カンペンハウド神父の司祭叙階 70 年に

アンリ・ホイスゴムス

　1962 年、ベルギー・ブリュッセルの秋空のもと、アンドレ＝ヴァン・カンペン
ハウド神父に初めてお目にかかりました。私は当時、「現地教会の援助者宣教会
（Société des Auxiliaires des Missions: SAM）」の神学校一年生に入ったばかりです。

　カンペンハウド神父はこの年の 7 月、SAM 宣教会からブリュッセルで開かれ
る総会への参加を指示され、10 年間ほど活動されてきた派遣地の横浜教区よりブ
リュッセルに来られました。けれども、その総会会議において SAM 神学校校長に
推薦され、校長着任が決議・要請されたようです。カンペンハウド神父は、横浜教
区荒井勝三郎司教様といろいろご相談のうえ、初秋 9 月になって正式に校長就任を
引きうけられたとのことです。神学校 1 年生の私には、もちろんそうした推移は知
るよしもありません。けれども、秋から始まった神学校の新学期の授業では、20
名ほどの学生数ゆえ、親しくカンペンハウド神父から、信仰・宣教・神学について、
じつに多くのことを学び、そして司祭への道を導いていただきました。

　いま振り返れば、1962 年は、まさに第二ヴァティカン公会議が教皇ヨハネス 23
世のもとで開かれたときです。教会の現代化をテーマに多くの議論が始まりました。
その溌剌とした気運は、古都ブリュッセル近くの神学校でも、まったく異なりませ
ん。

　カンペンハウド神父をはじめ、私たちも、教会活動の刷新に大きな期待を託しま
した。教会は、現代社会と文化を考慮に入れ、とくに世界各地のそれぞれの社会に
ふさわしい典礼を求め、他の宗教との対話も推進したい——私たちは、教会に吹く
新しい風を肌に感じとりました。カンペンハウド神父が、日本での宣教の体験をふ
まえつつ、教会と典礼の新しいあり方に関心を寄せられたのは、このブリュッセル
の日々があったからではないでしょうか。

＊　　　　　　　　＊　　　　　　　　＊

　私たち神学生は卒業が近づくと、将来、宣教に携わる任地、その社会・国が決ま
ります。この時期にカンペンハウド神父は、私の日本・新潟教区への派遣を考えら

れたようです。

　こうした成り行きを書くと、初めて読まれる方は、すこし驚かれるかもしれません。外国での宣教がキリスト教にとって、いかに大切か、という点です。そして宣教会や修道会がそのための大きな役割を担う伝統があることです。しかも、それが、けっしてカトリック教会の制度による命令や措置ではなく、ごく普通の市民や家庭での生活の感情にもとづく自然な気持ちに始まること——これが大事です。

　ブリュッセルという街の生活を思い出します。実業や企業、公務員への道を歩む中学校・高校とともに、市内には宗教法人の運営する聖マリア学院がありました。カンペンハウド神父も私もここの同窓生です。この中高校の学院ではほとんどの先生が司祭で、高校卒業生のうち、毎年3人ほどが神学生に進みました。この聖マリア学院に入学した12歳の中学生は、本人もその家族も、ごく自然に将来、宣教師になり、教区また外国に暮らす使命に希望を見いだすのです。

　SAM宣教会は、修道者ではなく教区司祭からなる会ですから、教区での宣教の仕事という点で、国内・外国を問わず、派遣先の地元の社会の人々との交わりを最重要視します。またSAM宣教会は、同じ教区には一人以上の司祭を派遣しない規則を守ります。カンペンハウド神父は、聖マリア学院の中学生時代から、宣教師になることを決心し、高校生時代にSAM宣教会を知り、学院卒業後は、神学校に学ぶ優秀な神学生として知られていました。彼は日々の家庭生活をふまえ、そこから司祭に、宣教者になる生き方を歩みだしたのです。

　カンペンハウド神父の仕事を理解するためには、SAM宣教会の活動を理解しなくてはなりません。1926年に、教皇ピウス11世（1922-1939）は、6人の中国人司祭に、ローマで最初の司教叙階を行いました。というのも、それまでの中国や他のアジアの国々には、邦人司教が存在しなかったのです。初めて中国人の司教叙階が行われたわけです。

　そもそも当時、外国人宣教師たちは中国人の司教のもとでの勤務を避けがちでした。というのも、いまではやや考えにくいでしょうが、古くからの公会議や神学研究によって典礼や宣教のあるべき姿がローマで規範として確認され、それを世界各地に伝え、布教することが基本だったからです。植民地主義という言葉は今も批判的に使用されます。けれども、宗教や倫理のありようを思えば、いちばん基本にある信仰・礼拝・思想の原点を世界の多くの人々・社会と分かちあいたい、共有したいと思うとき、それを植民地主義的な認識での押しつけや強制といえるかどうか、問題はそれほど単純ではありません。しかし、20世紀前半の時代に、キリスト教世界で、宣教とはローマから世界各地への宣教・布教であるとの認識が主流だとしても、そうした考え方に一石を投じる人たちが現れます。

　ベルギー出身の宣教師フレデリック＝ヴァンサン・レッブは、そのひとりです。

レッブは、植民地的な状況の持つ傷ましさ、そしてキリスト教の本来のあり方に反した制度の間違いを考えました。彼は、直接に教皇に、ベルギーの司祭たちが中国人の司教のもとで勤務・作業します、と提言しました。問題のありかを見抜いた教皇は、実際に、レッブの呼びかけに応じて、数人のベルギー人司祭を中国の教区司祭に派遣しました。教皇ピウス 11 世の英断です。いわば教皇は、40 年後の第二ヴァティカン公会議へ道を切り開いたともいえるでしょう。こうした経緯から「現地教会の援助者宣教会（SAM）」が誕生したのです。

1949 年に中国が共産党国家になったとき、SAM 宣教会の司祭たちは逮捕され、二人が牢獄で拷問されました。中国から追放された会員司祭は、台湾に赴き、そこで宣教活動を続けました。その後、その会のメンバーは、韓国、日本、インドなどに派遣されましたが、カトリック教会は第二ヴァティカン公会議をへて、いわば SAM 宣教会の活動と異ならない道を歩み、実践します。すなわち、宣教地における邦人司教が活動できる世界的体制の実現にむかいました。SAM 宣教会は、こうしたカトリック教会全体の取り組みを尊重し、その後は、新しい会員の募集を行っていません。

しかし SAM 宣教会の取り組みは、けっして過去のものではありません。会員をそれぞれの勤務地の教区の司教に委ねるので、司教以外に上司は存在しません。カンペンハウド神父も、横浜教区の司教のもとで他の司祭たちと協力し、熱心に宣教に取り組んでいます。たとえば宣教地の言葉・文化に習熟することは、教区の仕事に不可欠です。昔のことですが、あるときカンペンハウド神父に会ったら、英字新聞ではなく、日本の新聞を読まれていて、感心しました。そのときから私も負けないように日本語の修得を怠りません。

カンペンハウド神父が SAM 宣教会神学校の校長に正式に任命された日は、「七つの悲しみの聖母の日」（9 月 15 日）でした。神父はこの日のことをときたま記されます。すなわち神父は、日本から離れて生活せざるをえないブリュッセルの日々の始まりを、深い「悲しみ」と受けとめました。宣教地における恵みと喜びを大切にするカンペンハウド神父の本質をこれほどよく伝える言葉があるでしょうか。

＊　　　　　　　＊　　　　　　　＊

ブリュッセルでの神学校校長、そして宣教会会長の任期はあわせて 17 年間におよびます。けれども、ついに 1978 年 3 月、カンペンハウド神父は、喜びの地、日本・横浜教区に戻られ、磯子教会の主任司祭に就かれます（1978-1981）。その頃でしょうか、神父は、カトリック学連のメンバー数人とともに、私の新潟教区に来られ、私のアパートまで訪れてくれました。当時、私は体の不自由な方 3 人と健常者

3人と共同生活をしていました。このときのカトリック学連メンバーの一人はその後、私たちの共同生活のメンバーに参加し、やがてその後、さまざまな出会いをえて新潟市民になりました。

　2000年5月3日に横浜市・菊名教会で行われたカンペンハウド神父の司祭叙階50周年のお祝いは、いまも生き生きと思い出されます。五月晴れの美しい陽光に恵まれた一日でした。ミサのときに一人の信者が第一朗読のために壇上に立ちました。彼は聖書を前に、力強く会衆に福音を語りかけました。あとで知りましたが、この朗読者は、聖パウロの文章をすべて暗唱できるほどに身につけていた方でした。カンペンハウド神父は、教区の典礼のあり方の伝統をふかくひろく洞察し、それを守りつつ、同時に、その地の信徒の皆さんによる新しい礼拝への試み、進取の心持ちに寄り添い、社会に即した共同体における生きた典礼への努力を忘れません。

　それは、ほんとうの意味での「アジョルナメント（今日化）」の取り組みではないでしょうか。

　あらためて述べるまでもありません――「アジョルナメント」とは、第二ヴァティカン公会議にて教皇ヨハネス23世が掲げたメッセージです。イタリア語aggiornamento は、「アクチュアルに実現しましょう」、「いまのこの状況を、もうすこし活性化しよう」の意味です。カトリック教会は伝統に安住してはいけない、教会自身がアクチュアルに、現代化・今日化する努力を怠れば、信仰の未来は貧しい、というきわめて大切なメッセージです。

　カンペンハウド神父はしかし、こうしたメッセージを声高に語ったりしません。改革や刷新を急ごうと行動を呼びかけたりしません。つねに、この神父が大切にするのは、イエスによる恵みと愛と自由です。彼は「私は幸せな司祭です」としか語りません。イエスの弟子である喜びが、そのままアジョルナメントなのです。カトリック学連のリーダーとして活躍されたのも、恵みと愛と自由の「アジョルナメント」の実践であったと思われます。

　「アジョルナメント」は、20世紀の世界中で多くの司祭、宣教会、修道会、男性・女性信徒がその理念と実践に共鳴したメッセージです。けれども、そのささやかな出発点のひとつにすぎないとしても、かつてブリュッセルという街で、私がカンペンハウド神父とその意味を分かちあえた事実は、何ものにも代えがたい喜びにほかなりません。

[新潟教区　青山教会・協力司祭]

「恵みの力は、弱さのなかでこそ発揮される」

——私の歩んできた道

アンドレ・ヴァン・カンペンハウド

　美しい海辺にちかい大津の教会にて、司祭叙階 70 周年を迎え、さらに年をこすと 2021 年 3 月には、横浜港の大桟橋で初めて横浜教区の地に立ってから、70 年の時がめぐってきます。信者の皆さま、司教さまたち、同僚の神父皆さま、そして多くの奉仕の方々に恵まれ、皆さまの親切と祈りに支えられて、このうえない幸せな日々を過ごしてきました。感謝の言葉しか、知りません。

　今日の私があるのは、まず両親の温かい愛情と深い信仰のおかげです。私の育ったベルギー・ブリュッセルの家、その両親の部屋の暖炉の上に、四つの御像が置いてありました。それは、イエスの御心の聖御像、そして聖母マリアと聖ヨセフの御像、さらにもう一つ、幼子イエスの聖テレジアの御像でした。テレジアは 1925 年、両親の結婚 6 年目に聖人に列せられ、私たち 8 人兄弟姉妹の 6 番目の長女は、マリー＝テレーズと名づけられました。

　1950 年に、私は司祭叙階を迎えます。それまでは、聖テレジアにとくに大きな関心を寄せていたわけではありません。しかし、叙階式の前の黙想会の指導司祭は、私たちにテレジアの精神を示唆深く語りかけました。そのとき、私は初めて、テレジアの存在に眼をひらかれました。このことは後ほど、もう少し述べましょう。

＊　　　　　　＊　　　　　　＊

　さて、私は高校生のときに、ブリュッセル東のルーヴェン市で活動する宣教会「現地教会の援助者宣教会（Société des Auxiliaires des Missions：SAM）」の存在を知りました。この会の会員は、従来の宣教師と異なり、布教地に教会をつくるために赴くのではなく、外国で行われている現地の教会活動を手伝うために遣わされるのです。すなわち、現地出身の司教のもとに入り、教区の司祭団の一人として働く司祭、そのような援助者としての司祭を育て、その国に派遣するための宣教会なのです。

　この宣教会の存在に気づき、これこそ自分の歩む道だと決めました。私は、迷わずこの神学校に学ぶことにしたわけです。この SAM 宣教会とは、ベルギー出身で、ラザリスト宣教会メンバーとして、最初の中国人司教叙階を実現するために尽力さ

れたフレデリック＝ヴァンサン・レップ神父（1877-1940）の理念と活動を受け継ぎ、レップ神父の盟友アンドレ・ボラン神父が1930年に設立しました。この二人の神父は、中国やアジアへの宣教をとても重視し、注目すべきことに、ヨーロッパと別の国・社会・土地や異なった文化に生きる人々にむけて、キリスト教を「布教する」という上からの姿勢をとりませんでした。上から目線ではなく、あくまで現地の教会の人たちを支援する取り組みです。

　そもそもSAM宣教会は、会員の司祭をある地域に派遣するとき、その司祭が派遣先の地域の正式の教区司祭になるようにと、その司祭について宣教会が持つ権利と義務をすべて派遣先の国の司教に預けます。ただし、もし問題が生じると、たとえば派遣司祭のビザがその国で発行されないような場合には、その国の司教は派遣された司祭を彼の所属する本国の宣教会に戻すことができるという方式です。これは、新しい取り組みでした。かつては、西洋人が宣教地の司教職を務め、その国の司祭は外国人の司教を手伝うような運営でした。けれども、それが、ちょうど逆になるわけです。SAM宣教会は現地の司教のもとで、教会活動を手伝うわけですから。

＊　　　　　　　＊　　　　　　　＊

　私は、司祭になって間もなく、日本・横浜教区の脇田浅五郎司教さまが横浜への司祭1名の派遣をSAM宣教会に要請されていると、会長から聞きました。しかも、貴方が行ってくれませんか、と訊かれました。現在とちがい、まだ第二次世界大戦の戦災の傷跡も癒えず、渡航も制約が少なくない時代です。とはいえ、私は、日本への赴任を提示されたとき、何の不思議もなく、主の導きのままにと、嬉しく思いました。日本についての知識は皆無でした。

　26歳になったばかりの経験の乏しい人間、日本語は一言も話せない、知っている人が一人もいない——そんなことは何も考えません。「喜んでまいります」、すぐにそう伝え、承諾しました。私の判断を、父母も家族も、同僚・友人すべてが祝福しました。これにまさる恵みは、ほかにありえません。

　1951年3月、横浜の大桟橋に下り、はじめて山手の司教館への坂をのぼりました。まず、司教館の一室での生活が始まります。もちろん、日本語の勉強こそ第一目標。しかし脇田司教さまの運転手役を命じられ、ご多忙の司教さまの随行なので横須賀市田浦のイエズス会の日本語学校への通学はかないません。したがって、同校から二人の先生が毎週一回ほど司教館まで来てくださり、日本語の学習を進めました。なかなか大変な日々ながら、恵まれた勉強の場でした。

　司教館事務局のなかで、ときたま英語・フランス語の通訳も担当しました。叙階されたばかりの松村菅和神父には、大変お世話になりました。そのあと次々に叙階

された若い司祭方が月曜日の午後から、金曜日の朝まで司教館に来ており、私を仲間に入れてくれました。これは大きな救いでした。横浜教区のひとりの司祭として、他の同年代の司祭とともに、司教のお手伝いをする——宣教のよきあり方を歩みたい、そうした心はずむ日々でした。

1952年に荒井勝三郎司教さまが横浜教区に着任され、1955年に横浜教区学生連盟（学連）をつくられました。私は間もなく、教区学連本部の指導司祭に任命されました。これは、私にとって初めての宣教司牧の実務で、まことに嬉しかった。今でもその時の学連本部の仲間とは、交流を続けています。

そして日本に来てから12年目、1962年7月です。ベルギーのSAM宣教会は、アジアとアフリカで教区司祭として働く人材の養成を拡充するために、外国でこうした経験をつんだ司祭に、若手の指導にあたってほしい、と望んでいたので、私がそれにあたってほしいとなってしまいました。これをおもにするのは副会長ですので、会の副会長になることの望みを荒井司教に知らせ、しばらくの間、私を会に戻してくださることを依頼しました。荒井司教は、それを承認しました。私の生活に大きな変化が生まれます。

それ以後、私は15年間ほど、ベルギーにて宣教会の仕事に就きました。難しい課題もあったものの、ちょうど第二ヴァティカン公会議（1962-1965）が始まる時期で、多くを学びました。たびたびアジアとアフリカの教会を訪問し、その国出身の司祭が司教に就く「若い教会」という新しいニーズも学びました。

1978年、あらためて横浜教区に復帰できました。その際に、初めて小教区の主任司祭に任命されました。最初の教会は横浜市の磯子教会でした。そのあと、横須賀大津教会、横須賀三笠教会、三浦海岸教会、そして横浜市港北区の菊名教会、中区の末吉町教会に赴きました。ほかに市内泉区の中和田教会と市内港南区の港南教会の主任代行も短期間、務めました。いずれの教会でも信者の皆さんの大きな協力に恵まれます。どこでも幸せでした。司祭は神の民に仕えますが、信者の協力はまさに司祭を支える力にほかなりません。

2007年には75歳以上となったため、主任の仕事を退き、横須賀三笠教会と横須賀大津教会の協力司祭になっています。

＊　　　　　　＊　　　　　　＊

司祭生活を振りかえると、神の助けがあったからこそ、今日まで司祭として働けたと深く意識し、感謝が尽きません。また諸聖人の守護にも、つねに謝意を新たにしています。聖母マリアをはじめ、とりわけ聖パウロと幼子イエスのテレジアの保護には、大きな力を感じる日々でした。

聖パウロを知ったのは、神学校のときです。聖テレジアに心をひかれた契機は、司祭叙階の前の黙想会における指導司祭の導きでした。

　聖パウロの教えでは、とくに四つがきわめて深く印象に刻まれました。まず、教会の一致は、あくまで教会の交わりの一致であること、国・地域の文化の壁、社会的地位の差別はないとの教えです（ローマ12・4-5、ガラテヤ3・28、コロサイ3・11）。第二に、教会には、いろいろな奉仕がありえて、けっして皆が皆、同じことをしなければならないのでない。たとえば、病人、高齢者、家族を背負う母親など、それぞれの奉仕は、およそ違います（Ⅰコリント12・5）。

　第三の教えは、むしろ神の力が、人の弱さのなかでこそ発揮される事態です（ローマ8・26、Ⅰコリント1・27など）。「主は言われた、『私の恵みはあなたに十分である。恵みの力は弱さのなかでこそ十分に発揮される』、と。だから、キリストの力がわたしの内に宿るように、むしろ大いに喜んで自分の弱さを誇りましょう」（Ⅱコリント12・9）。

　そして第四は、イエスに従うなら真の自由を得られること。自由とは、キリストに従順になり、自我を束縛する利己心と高慢から自分自身を解放し、善を実行する自由です（ガラテヤ5・1、Ⅱコリント3・17）。「兄弟たち、あなた方は、自由を得るために召し出されたのです。ただ、この自由を、肉に罪を犯させる機会とせずに、愛によって互いに仕えなさい。律法全体は、『隣人を自分のように愛しなさい』という句によって全うされるからです」（ガラテヤ5・13）。

　幼子イエスのテレジアは、少女時代からとくに神学を勉強しなかったにもかかわらず、ピオ11世によって教会博士とされました。教会は、その時代の大切なメッセージを伝えなければならないと、教皇が思われたからでしょう。テレジアは、たとえ自分に弱さがあってもイエスについていくことができる——そう語り続けました。自分の弱さを認める人こそ、神の力に満たされるとの深いメッセージです。つまり、イエスの愛を願うことは、じつは必ずしも最重要ではない。というのも、そもそもイエスは、まず真っ先に私たちを愛してくださっている以上、その愛を願うことよりも、イエスの愛を信じ、その愛に応える心こそ、何ものにもまして、大切なのです。

　私は、こうした聖人のほかにも、多くの人々に見守られていると感じます。まず家族の父と母と兄弟姉妹たち、司祭・修道女の叔父と叔母に、そして神学校の仲間たちに、さらに、いうまでもなく横浜教区の司祭と信者の祈りと優しさに支えられています。直接にふれあう機会のない多くの方々が、いつも励まし、支えてくださっているとも、深くつよく感じてやみません。

　私は、消えることなき愛を持って、全き自己放棄のうちに、絶えざる喜びを目指し、残る時間を大切に使いたいと思います。

ありがとうございます

—— 「司祭叙階 70 周年記念　感謝のミサ」の謝辞

アンドレ・ヴァン・カンペンハウド

　ありがとうございます。

　今日、神様と皆さんに、心から感謝いたします。そしてとくに今日も、神様と皆さんに、赦しを願いたいと思います。

　まず、神様に感謝したいこと、それは、さきほどまであまり考えていませんでしたが、神様が私に命を与えてくださったこと、それを感謝したいと思います。よく歳をとったからでしょうけれども、やはり生きていること——素晴らしいことです。感謝します。

　つぎに、信仰を素晴らしい両親から授かったこと、それを神様に感謝しています。司祭になって、多くの人たちが信仰に至るまでに、さまざまな苦労を重ねていることに気づきました。私は母親のおかげで、また父親の導きで、ごく自然に信仰にはいることができました。感謝しています。

　そして、短所の多い私を、神様が司祭として呼んでくださったこと、そのことに、感謝です。さらに、宣教師として呼ばれたこと——感謝、感謝、感謝ばかりです。宣教のために横浜教区に入れていただいたこと。これは大きな恵みだ、と。

　私の司祭生活は、「良かった〜」、「嬉しかった〜」、「楽しかった〜」につきます。感謝しています。

　さらに、天国の人にも感謝します。まずは、もちろんマリア様、聖パウロ、聖アンドレ、幼子イエズスの聖テレジアが、私のために祈ってくださったこと。そして、天国にいる私の両親、兄弟妹、そして神学校の同級生、そして横浜教区の司祭たち、とくに伊藤淑雄神父、石川裕之神父はじめ、いま天国で私のために祈ってくださっていること、とても感じています。彼らに感謝。

　日本で働くことになってから、たくさんの人たちを天国に送ったことになるけれど、彼らのことをいまも祈りつづけています。

　私は、どれほど多くの人たちに助けられているのでしょうか。両親・兄弟妹のうち、いまは一人残るにすぎませんが、こうした家族にとどまらず、じつに多くの方々が私を支え、助けてくれています。

　なによりも感謝したいのは、横浜教区司教団に迎えてくれた教区の兄弟たちです。

皆さんはたやすく想像してくださるでしょう、たった26歳の、知人ひとりもなく、言葉ひとつも知らないで、日本にたどりついた若者です。ひたすら日本への希望しか持たなかったこの若者は、横浜の兄弟にあたたかく受けいれられました——これは、私にはまさに、救いだったのです。それからずっと、司祭たちに助けられてきました。ときにグラスを交わす場もいただきましたが、やはり、司祭団のお互いの助け合いは、ほんとうに素晴らしいことです。

けれども皆さんにも感謝したい。私が遣わされた教会ではどこでも、協力してくれる信者は多くて、私がひとりでするということは、一回もなかった。やはり、いつも皆さんと一緒に責任を持って共同体を作ろうと思っていた。それで、今まで司牧した教会のことは忘れられない。感謝、感謝しています。

まだまだいろいろな人たちに感謝したいけれど、あまり長くなるといけませんから、最後にお詫びしたいことがあります。それは、この70年の間、神様のことを先に考えるよりも、まず自分の楽を、自分の評判を先に考えてしまったこともあるのです。皆さんに仕えようと思っていても、いつの間にか皆さんに仕えられていると、たびたび気づきます。司祭は信者に仕えるはずなのに、しばしば逆になっている。こういうことを打ち明けるのは恥ずかしいから、この程度にとどめておきましょう。

さて結びに、司祭を支えるのは、神の言葉ですから、ここで皆さんに、私の好きな四つの言葉をお伝えします。

第一。「婦人よ、ご覧なさい。あなたの子です」、「見なさい、あなたの母です」（ヨハネ 19・26-27）。

第二。「あなたがたのために神がわたしに恵みをお与えになった」（エフェソ 3・2）。

第三。「あなたは、わたしに従いなさい」（ヨハネ 21・22）。

そして第四です。「わたしの恵みはあなたに十分である。恵みの力は、弱さのなかでこそ発揮される」（II コリント 12・9）。

どうぞ皆さん、私と一緒に神に感謝し、最期の迎えに喜びをもってイエズスに連れられ、御父に会うことができますように、お祈りください。ありがとうございました。

G・ルオー《 主よ、わたしを憐れみたまえ、あなたの慈しみをもって 》[152 頁参照]

2.

私たちのメッセージ

—— 信徒から カンペンハウド神父さまへ

カンペンハウド神父さまの学識・優しさ・健啖ぶり

井上　嘉久

　カンペンハウド神父さま（以下、「カンペン神父さま」と略称させていただきます）が、故国ベルギーで、神学校の校長、宣教会副会長・会長、大学での教育などを歴任され、横浜司教区に戻られて、主任司祭として、磯子教会に来られたのは、第二ヴァティカン公会議後の1978年7月でした。カンペン神父さまが主任司祭に就いた最初の教会になります。

　磯子教会は、屏風ヶ浦に面した静かな住宅地に1957年に認可された家庭的な小教会に始まります。公会議が開催されていた当時、ベルギーにおられて、その改革の内容に精通されていたカンペン神父さまは、公会議に沿った新しい教会の典礼の刷新に努められ、典礼委員会の創設、子供を含めた若者中心のミサの実現、子供たちに分かる言葉の典礼など、磯子教会を離れられる1981年3月までの3年間ほど、私どもの教会に劇的な変化・刷新を実現された神父さまであります。当時の磯子教会の信徒は、ときに戸惑いながらも、カンペン神父さまの深い学識と典礼の刷新の熱意に、これからの新たな教会のあり方を学んでいくことができました。

　皆さまご承知のとおり、カンペン神父さまの威風堂々とされた恰幅の良さは、貫禄十分で、人を引き寄せる雰囲気に満ち満ちておられます。カンペン神父さまの微笑み、眼鏡の奥の優しい瞳は、温和で柔和なお人柄を物語り、司祭の中の司祭であります。日本のことわざに、「大男、総身に知恵が回りかね」という言葉があり、私などは、その典型でありますが、第二ヴァティカン公会議前後の教会のあり方について、深い造詣を有し、典礼の刷新などを実現されたカンペン神父さまには、当てはまらず、「総身に知恵が回る」神父さまでおられます。もっとも、このことわざは、日本のことわざであって、ベルギーのことわざではないので、カンペン神父さまが該当しないのは、当然かもしれません。

* 　　　　　　* 　　　　　　*

　カンペン神父さまは、実に、後輩の司祭の方々に対する優しさをお持ちの方であります。私は、2019年およびその翌年に、司教区の信徒お二人とご一緒させていただき、カンペン神父さまが、御殿場の病院で療養されている小林陽一神父さま、

森田満義神父さまのお見舞いに行かれるときの運転手を務めたことがありました。教区司祭として、療養されている両神父さまを見舞われ、「どう、元気ですか？」と、あの温和な眼差しで、語りかけられると、両神父さまは、喜びの表情を満面に、カンペン神父さまに対する深い信頼関係を滲み出されていました。この運転手を務めさせていただく度に、カンペン神父さまから、教区司祭同士、あるいは、司祭、信徒の一体感と連帯の必要性を教えられていますが、カンペン神父さまご自身が率先して、療養されている神父さま方を見舞うという行動を直接、見聞させていただくと、信仰とは何かを、教えられたような気が致しました。

　カンペン神父さまは、実に、健啖家でいらっしゃいます。2019年、病院へ向かう途中、御殿場の蕎麦屋で、昼食を取った際、若者が好んで食べるような、「天ぷらそば御膳」を完食され、翌年、同病院からの帰路、箱根の大観山のレストハウスで、運転手の私の調査不足で、車をレストハウスに横付けできたのに、駐車場に車を駐車したため、レストハウスまでかなりの階段を昇っていただくことになってしまい、カンペン神父さまに過大の肉体的苦痛を味わう結果を生じさせてしまったことがありました。このときばかりは、カレーライスを完食されませんでしたが、これは、例外であって、同行された信徒のお話では、カンペン神父さまは、好き嫌いが全くなく、納豆がお好きで、相変わらず、健啖家を維持されておられるとのことでした。

　カンペン神父さまは、休むことなく、献身的に司牧されるので、周りの信徒が、「お疲れになるから、少し、休まれたらいかがですか」と進言すると、「生まれたときから、疲れている。だから、今は、休まなくていい。天国で休む」とよく言われるそうです。私としては、継続して、運転手をさせていただくつもりですので、これからも、よく食べ、ほどほどに飲み、生まれたときからの疲れは、引き続き、背負っていただき、天国で休むのをずっと先に延ばしていただくことを念願しています。

　司祭叙階70周年を過ごされたカンペン神父さまの益々のご健勝とご活躍を心から、お祈り致します。

［横浜教区　磯子教会］

豊かなアイディアとエネルギー
——カンペンハウド神父との出会い

遠藤　俊義

　私が横須賀・浦賀に引っ越したのは1981年の夏。子供3人を含め一家5人が戸塚教会から転籍し、大津教会の信徒になった。カンペン神父さまは未だ50代の元気いっぱいの司牧者だった。当時の大津教会は、かつて病院だった古い建物を改造し、1階を幼稚園に、2階を聖堂に用いていた。1981年4月、カンペン神父さまは、新教会の建設と幼稚園運営の再検討という仕事を担って、主任司祭に赴任されたようである。教会再建資金は、教会内のマリア幼稚園の貢献やバザーの収益などで準備されていたものの、それだけでは、明らかに不足していた。

　カトリック教会として、大津教会は、横須賀・三笠教会から独立した前史もあり、そもそも同じ横須賀市内の大津にあるべきか、あるいは三浦半島全体の司牧の立場からみてどこに立地すべきかと、久里浜地区ほか議論もさまざまにあった。
またマリア幼稚園は、モンテッソーリ教育を基本におき、地域に根差した活動が知られ、住民からも存続を望む声があったようだ。リーダーの先生方も、幼稚園活動の継続を希望されていた。

　当時、私は教会委員会に参加し、また建設委員会にも所属した。したがって、京浜急行の乗客の移動量や乗降状態を地域別に調査し、人口動態の観点からこの地域や周辺地区が近未来的にどのような方向に発展するか、といった未来像をつくる仕事に携わった。他方で、実際に教会を再建するためには、どの程度の予算が必要か、あるいは教会活動において聖堂・司祭館・事務室・信徒会館・集会室など、どのような機能が必要で、それをどう結びつけるのか、幼稚園活動の使命などなど本質的な問題も議論の俎上にのぼり、活発な討議が続いた。

　大津教会の再建は、最終的に信徒の多数が希望する現在地と決定した。教会は、京急久里浜線の京急大津駅から徒歩1分もかからない至便の距離に位置する。それゆえ多くの信徒が教会へのアクセスの良さをあげ、それが最終判断の要因になったと思われる。今でこそ自動車利用の信徒が多くなったけれども、当時は、電車に乗ってミサへ、が当たり前だった。

　教会の立地については、信徒のなかでも意見が分かれ、議論も絶えなかった。私のように後から参加した信徒には、客観的にみて、今後の宣教には新しい久里浜地

20

区のほうが相応しいとも思われた。横浜教区は教会立地の全体としての将来図を持たれていたかもしれないが、カンペン神父さまは、信徒間の議論や教会委員会の判断を重視され、信徒の希望に即して、教会の大津地区での存続を判断されたのだろう。カンペン神父さまは、宣教における地域社会とそこに生きる信徒の声を大切にされる方なので、信徒間の議論や気持ちを主任司祭として一方的に判定することなく、大津教会の未来を決められたと思う。現実には、その後間もなく、教区として三浦海岸教会建設を実現した推移もあり、カンペン神父さまの柔軟な思考、優れた洞察力と実行力がよく窺えよう。

　もうひとつの課題であったマリア幼稚園は、諸般の事情から、最終的に閉園となった。だが、地域の方々が教会を訪問しやすいように、新しく図書室を設置し、常時開放するようなプランを実現した。つねに地域と共に生きる教会という考えで、これは、カンペン神父さまがつねに大切にする基本方針である。

　教会の建築にあたって聖堂をどのような形状にするか——これは、第二ヴァティカン公会議後の改革のかなめをなす課題のひとつ。従来は、祭壇に向かって司祭が司式したのに対し、新形式は、祭壇をはさんで司祭と信徒が向き合う形になった。今では当たり前ながら、当時はまさに画期的だった。新築された大津教会の聖堂は、正面祭壇に十字架上のイエス様をおき、大きく手を広げ、復活をより強調した姿となった。左右にあったマリア像とヨゼフ像の石膏像はいったん収蔵庫に保管され、新たにに新進作家に依頼したイエス様とマリア様のイコンが左右に配置された。古い石膏像が収蔵庫に納められた事態に抵抗を感じる方もあり、別な教会に移られた信徒もいらっしゃった。美術作品は、福音とともに、信仰の大きい手がかりになりうるから、こうした信徒の方の存在も、忘れてはいけない。

　新聖堂の左右の壁には聖モニカと聖アウグスティヌス、また三浦半島をバックにマリア様と子供たちを描くステンドグラスが輝く。デザイン、アイディア、発注は全てカンペン神父さまが主導された。神父さまは、ヨーロッパにおられたときに、第二ヴァティカン公会議や当時のヨーロッパ教会の熱い刷新の空気をうけとめ、ご自分のなかでいろいろ改革のイメージを温めていたのだろう。教会の再構築という仕事に取り組むカンペン神父さまはエネルギーにあふれていた。

　大津教会のひらく教会学校では、夏のキャンプに私が神父さまのライトバンを運転し、子供たちと荷物を運んだ。遠く山梨県の道志村にも出かけた。神父さまがキャンプ好きとは知らず、驚いたが、子供たちとの遊びのコツは、じつによくご存じだった。子供の存在はまさに宣教の根本と教えられた。

　神父さまのもう一つの教え——それは「地域」の在り方である。当時、教会には日本的な年功序列的気分があり、婦人会・壮年会でもグループのベテラン信徒の役割がつよく意識されていた。たしかに、高年の世代への敬意は大切だが、ときに若

い世代の自由な行動をしばりかねない。そうならば、世代ではなく、むしろ地域というグループでの結びつきを手がかりにして、信徒のコミュニケーションに風通しをよくしよう——それがカンペン神父さまのスタンスと感じられた。たとえば新たに洗礼を受けた方を、地域・共同体として受け入れる、といった取り組みである。

　信徒は宣教活動をどのように進めるのか、教会委員会や各種の委員会とは何か。たしかに信徒の組織に最適解はないと私も思うけれども、カンペン神父さまが信徒に期待した新しい宣教活動のあり方は、とても示唆深い。司祭の命じるままに従うことが信徒の活動と思う方も少なくない。しかし、信徒の能動的な活動こそ、カンペン神父さまの求める現代的な信仰のあり方ではないだろうか。

　カンペン神父さまは横浜教区の典礼についても、改革や刷新を提言され、努力されたにちがいないと思う。大津教会の典礼にも、しばしば改善の努力が感じとれた。たとえば、そのひとつは、子供のミサの実施、女子侍者の採用、またミサにて説教の時間に子供たちを別室に連れてゆき、担当のお母さんたちに聖書の話をしてもらうといった試み。ミサ前に鐘を鳴らし、直前にドラを鳴らすなどもそう。細部は省略するとしても、信仰の根本に子供の心を重ねる神父さまの取り組みは、いつも肌で感じとれる。また、カンペン神父さま時代から、未信者の教育も信徒が分担するようになった。私たち夫婦も結婚講座を担当させていただき、入門講座も分担した。当時としては、冒険にも思われた。

　カンペン神父さまは、アイディアが豊富で尽きない方である。つねにいろいろな改革・改善を実施し、前進という大きなエネルギーを感じさせてくださる見事な牧者である。ただし、きわめて強いところもお持ちだ。協力司祭として大津に来られてから、長崎・五島列島に巡礼に行く機会があった。五島を回るには船で回り、かつどの教会も古い建物なので聖堂に入るには石の階段を上らなくてはいけない。石段へたどり着くまでに坂道を上る場所も多い。にもかかわらず、神父さまは自分の足で登り、人の手を借りることを潔しとしない。

　これを頑固というのは、たやすい。けれども、そうではない。これは、神父さまの大切な生き方だと思う。もう一つ——信念とすることは絶対に曲げない、妥協しない。これも生き方と、感じる。幼児洗礼を依頼されても、両親か保護者が付き添わなければ、決して受洗を許さない。私はたまたま用事があり、ゆけませんという態度にきびしくむかいあわれる。幼い子を導く役割の両親が信頼に値しなければ、いったい洗礼とは、「愛」とは何か、との思想のゆえであろう。

　かつて私が大津教会の扉をおしたとき、カンペン神父さまとこれほど長くお付き合いいただけるとは思ってもみなかった。いまは、感謝しか知りません。カンペン神父さま、いつまでもお元気にて、私たちをお導きください。

［横浜教区　大津教会］

カトリック学生連盟とカンペンハウド神父様

田 畑　晶 久

　今から65年ほど前に、つまり1955年頃のことになるでしょうか、私は、アンド
レ・ヴァン・カンペンハウド神父様（以下ではカンペンさん）と横浜・山手の司教
館で初めてお会いしました。当時、カンペンさんは司教様の秘書を務めており、日
本に赴任されて3、4年ほどたった頃だったでしょう。

　カンペンさんはベルギーの宣教会から、アジアの教区で現地の司教の秘書として
司教を助けるように命じられ、横浜教区に派遣された司祭と伺いました。

　私が大学に入学した当時は、小教区の教会に大学生の会、高校生の会がありまし
た。その頃横浜教区のあちこちの生徒・学生の会をまとめて、一つの組織にしよう
と学生たちが動き始めました。

　当時の横浜教区荒井勝三郎司教は、こうした学生たちの動きを見て、生徒・学生
の会を新しい使徒のグループに育てようとお考えになったのでしょう。司教書簡を
出され、その集いを信徒使徒職の団体として「横浜教区カトリック学生連盟（以下
学連）」とされ、本部を司教館におかれました。小教区にあった会は支部というこ
とになりました。

　カンペンさんは学連本部の指導司祭の役に任命されました。カンペンさんは司教
秘書が本務で、いつも山手の司教館におられたので、学連本部の会合も司教館で開
かれました。

　当初学連支部の例会では、聖書の研究と生活の見直し（実践報告）が行われてい
ました。カンペンさんは支部例会のためのテキスト「リーダー」を本部員と共に作
成するなどして、学生たちと一緒に横浜教区「学連」の基礎を作られました。

　カンペンさんのますますのご活躍をお祈りいたします。

［横浜教区　三笠教会］

宣教とは人を育てること
——カンペン神父さまプラチナ祝

小西　孝明

　カンペンハウド神父さま、プラチナ祝、おめでとうございます。

　主イエス・キリストに遣わされて、はるばる日本にやって来られたカンペンハウド神父さま。そう、カンペン神父さまは、人を使い、動かすのがとてもお上手です。「使う」というと誤解されそうですが、それは「牧者」の意味。主の遣いとは、そのまま「使い」でしょう。主が遣わす人ひとりひとりの力は限られているとしても、多くの人を育て、導き、力を合わせてもらえば、素晴らしく大きな働きとなる。遣う＝使うとは、育てる、ことです。カンペン神父さまは、赴任先の各教会で多くの信徒を育てあげ、教会を活性化し、キリストの教えの使いとされました。かつて、カンペン神父さまがふと、「もし私が神父にならなかったら、実業家になっていたかな」と話された。驚きましたが、それは、むろんお金儲けの意味ではなく、実業世界も人間存在の触れあいによってしか成立しない、という深い洞察の言葉です。

　思い起こせば、私が初めてカンペン神父さまに"使われた"のは、30年ほど前、三笠教会にいて、教会報『みかさ』の編集に誘われた時です。そして1993年、カンペン神父さまのご尽力で三浦海岸教会が創立されるとすぐに、神父さまは多くの信徒たちに教会委員、典礼担当、教会学校、一粒会、冠婚葬祭の係、婦人会、壮年会など教会の諸活動を依頼しました。

　私はと言えば、教会委員、オルガニストなどに加え、教会報の編集も指示されました。そもそもカンペン神父さまは日本語がとてもお上手。神父さま執筆の三浦海岸教会の教会報『渚』の原稿は、日本語の文章としてほとんど直すところがなく、むしろ私たちが日本語の勉強に取り組む仕儀でした。

　カンペン神父さまが三浦海岸教会の主任司祭（兼任）を努めたのはわずか1年間で、三浦海岸教会に大きな足跡を残して1994年4月には菊名教会に転任された。しかし2017年に、当時三浦海岸教会の主任司祭小林神父さまが入院され、司祭不在となったとき、カンペン神父さまは細井神父さま（当時は逗子教会主任司祭）と交代でミサに来られ、教会は危機を乗りこえました。

　カンペンハウド神父さまがいつまでもお元気で、ますます多くの主イエス・キリストの信徒を育てられるようお祈りします。　　　　［横浜教区　三浦海岸教会］

みんなのカンペンさん

加賀　千織

　私がカンペンハウド神父さまに出会ったのは、1999年の春でした。初めて菊名教会を訪ねた私は、背の高い大きなお腹の外国人神父さまを見て、ドキドキしました——これは、鮮明に覚えています。

　「日本語は、どの程度通じるのかしら……」と緊張しました。ところが、カンペンさんは日本人の私より遥かに長い時間、日本に住んでおられ、豊かなユーモアを持ちあわせる、なんと普通の「日本のおじさん」だったのです。

　当時、中高生・大学生からなる菊名教会の若者メンバーは、みんな「カンペンハウド神父さま」とは言わず、親しみをこめて「カンペンさん」と呼んでいました。

　カンペンさんは、どんな場でも、そこに集っているなかの誰ひとり、けっして孤独にさせません。ミサの後も司祭館にすぐには引っ込まず、青年たちや婦人会、バングラデシュ、フィリピンのグループの輪に入ってお喋りするのはもちろん、もし端の方に一人で立っている人がいれば、「元気ですか？」と必ず声をかけ、一緒にお茶を飲んで、笑いあいます。そこに存在するすべての人をちゃんとご覧になっていて、気にかけて下さる、そんな方です。

　これは友人Sの体験談です——保久要神父さまの叙階式が1999年に聖ヨゼフ学園で行われた際、Sが入部していたグリークラブがレセプションで歌をうたったそうです。しかし、こうした場面でよくあるように、その歌は会場のさざめきに消されてBGMのようになってしまい、ほとんど誰も聞いておらず……。そんな瞬間に、カンペンさんは周りの人に「歌を聞きましょう」と呼びかけ、まわりの方々とともに合唱に耳を傾けて下さったそうです。それまで会場の雰囲気に疎外感を感じていたグリークラブでしたが、歌いながら、カンペンさんの心遣いにとても感動した、そうSは、話してくれました。

＊　　　　　　　　　＊　　　　　　　　　＊

　私は2000年に洗礼を受けました。カンペンさんが菊名で主任司祭をして下さっていた最後の年です。カンペンさんは、聖水を頭からザバザバとかけて下さいました。カンペンさん司式の洗礼式で受洗することができたのは、本当に嬉しい思い出

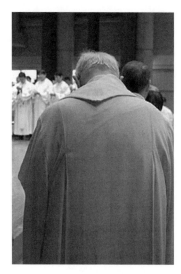

1. カンペンハウド神父

です。

　カンペンさんの時代は受洗者が多く、それはやはりカンペンさんを通して神様の魅力が周りにたくさん伝わっていたからにちがいありません。

　カンペンさんは祈る姿がとても印象的です。ミサの中で神さまと向き合っていらっしゃるのだな、すべての人と連帯していらっしゃるのだな――しみじみと伝わってきます。谷脇慎太郎神父さまの司祭叙階式（2008年4月）では、祭壇下手の一番端に座って、誰よりも後方からずっと谷脇さんを見守っておられました。祈る背中の大きいこと――その安心感、力強さ、神への大きな信頼。

　私はこの時、写真撮影担当だったのでカメラ越しにその姿を間近から拝見しました。ふと尊いものに触れたように思い、心が震えました（Fig. 1.）。

＊　　　　　＊　　　　　＊

　菊名教会時代のカンペンさんにまつわるエピソードを紹介しましょう。当時の思い出や、若者たちの文集・ノートからの引用です。

・クリスマス・ミサのお説教が、「クリスマスだけ教会に来るんじゃないよ」というきびしい内容だった。

・1997年、中高生会が作った文集。中高生だけではメンバーが少ないからと当時の青年や神父さま方（カンペンさん、石川裕之神父さま、本柳孝司神父さま）も誘って自己紹介プロフィールを書いていただき、その下にその人についてそれぞれが思うことを寄せ書きしました。

　カンペンさんの自筆のプロフィール部分（Fig. 2.）は、達筆で驚きます。似顔絵もご自分で楽しげに描きました。カンペンさんは、血液A型。また「ひとこと」の項目では、「星座は信じない！　ちょっとおちゃめな、ベルギー人！」と自筆で告白しています。それにつづいて、カンペンさんについて＜みんなはこう思ってる＞項目の若者たちのメモは、以下の通り。

a.　VサインにWサインで返してくれるやさしい神父さん！

b. 視点が鋭く、言葉にいつも驚きがあります。寛容で誠実な人柄で、攻めの気持ちも持った"若さ"を感じる神父さまです。

c. やさしい　あかおに。

d. いつもユーモアのある答えを返してくれます。

e. 時には厳しく、時には優しく接してくれる神父様デス。

f. 字がうまい！

g. ちょこっとケンタッキーのカーネルおじさんに似てる。

h. 神父っぽい神父さま。

i. 優しくて、人に完璧をもとめない。

j. 実は僕達より日本を知っている。

2. カンペン神父さま自筆［自己紹介部分］

・カンボジアのスタディー・ツアー（1999年）。朝、カンペンさんが急に「自分はどうしても洋風の朝食が食べたいんだ」と言って、一人で別のレストランに行ってしまった——そして満足して嬉しそうに帰ってこられた。

・建替え前の菊名教会。司祭館のトイレの壁の、不自然に低い位置に鏡が掛かっており、一体どういった理由でこんな低いところに掛かってるのか？　と、ずっと謎に思っていた。じつは、それはカンペンさんがベルトを締めるために見る鏡だったようです。カンペンさん、お腹が小さくないですものね——。

・カンペン神父さまの送別会（2001年4月「青年会通信」より抜粋）。
　　4月1日。青年会主催でカンペンハウド神父さまの送別会を行いました。和やかな雰囲気の中で青年達に囲まれたカンペン神父さまは、76歳とは思えないほど若々しく、楽しそうになさっていました。20人以上はいたんじゃないでしょうか？　大家族のように、和気あいあいとしていました。
　　会の終わりに皆からワインと色紙をプレゼントされた神父さまは、その後の挨拶で私たちに「＜自由な人＞になってほしい」、そう言われました。「悪に縛られない自由」。これを手に入れることは非常に難しいです。けれども、手に入れることを目指したいと思います。（中略）菊名教会に主任司祭として6年、協力司祭として1年の計7年間、ご尽力下さり、本当にありがとうございました（Fig.3.）。

3. カンペン神父さま送別会　2001 年 4 月 1 日

　カンペンさんは 2020 年 4 月から Twitter も始められ、毎日欠かさずツイートされています。この原稿を書いている今はコロナ禍で、私も自粛生活です。そうであればこそ、カンペンさんの発信にはますます勇気づけられます。

　Twitter で、カンペンさんは「ウィルス感染を防ぐため多くの人が外出自粛をしている。その時でも、私たちはイエスに遣わされている。イエスは弟子たちを名前で呼んで、外に連れ出す（明日の福音）。自由に外出できない時でも、人に会う方法を考えよう。祈り、手紙、電話、メール、スカイプなど。救いの道は他人をも考えること。」と書いておられました（2020 年 5 月 2 日）。

　カンペンさん、私はこれを読んだときに、なぜカンペンさんが Twitter を始められたのか、それがよく分かりました。気付きをありがとうございます。私も周りとの交流とイエス様を忘れないようにいたします。これからもカンペンさんの発信を楽しみにしています。

[横浜教区　菊名教会]

プラチナ祝──カンペンさん　は　ある

吉田　尚子

カンペンさんの周りにはいつも人がいた。「さながらイエスさまのよう」と思った。行くところ行くところ、「カンペンさん」、「カンペンさん」、「神父さま」、「神父さま」、そう呼びかける声が聞こえる。

大きな体。少し赤い頬のお顔。体の割に細い足。広げるとすべてを包み込みそうな長い腕。3本の指が内側に倒れてきてしまっている大きな手。もう、すべてがカンペンさん！　ゆっさゆっさ、とゆっくり歩く。

主日の夕暮れ時、ポケットに手を入れ、末吉町教会がある聖母幼稚園の園庭を、ゆっくりゆっくり円を描くように歩いている姿をよく見かけた。ポケットの中にはロザリオ。その時はお声かけ出来なかった。神さまとカンペンさんの時間がそこにあった。

ある年の教会夏期学校の葉山。その時のテーマは「手」。子供たちと、自分の「手」で何ができるのか、その「手」で何をするべきか考えた。当時はマリノ・デハクト、田邊敏彦、内藤聡神学生が一緒に参加してくださっていた。

カンペンさんは、こう話された。「この手でミサをあげることが出来る。一生。私の手の指が曲がっているのは、神さまの愛をたくさん受け止めるため」、「神に感謝」、と。

同じ葉山の海。安全のため、海に入る子供たち一人一人に大人が付き、女性陣が砂浜から見守っていたとき。「えっ!?」。砂浜にいた人たち全員が目を見張った。スクっと立った真っ白な大きな体。細い足。みな、固唾をのんだ。白い水泳帽に白い海パン。80歳。動いた！　海に向かった。

「早く！　マリノさん！　敏！　聡！　カンペンさんについて！　早く！　まわって、早く！」。あわてて海の中にいた彼らに大声で叫んだ。

どのくらいの時間が過ぎたのだろう、ほんの数分か。何もなかったかのようにカンペンさんは砂浜に戻り、服をさっと着て、「皆さんに感謝」。

湖上を歩いて弟子たちのところに行った（ちょっと太めの）イエスさま──そう、大騒ぎをした信仰の薄い弟子たちのような、私たちだった。

一緒に居た3人の神学生たちは何を見たのだろうか。今、3人ともカンペンさんと同じ教区司祭だ。

末吉町教会の新聖堂を建てかえるときのことである。「明日の教会を考える会」のメンバーとして共に過ごさせていただいた際には、カンペンさんは、頑固？な一面をわれわれに十分に見せてくださった。

　みんなの意見は聴く。信徒に寄り添う——でも決して想うところは曲げない。貫く芯の強さがある。結局、「まぁ～ま」。カンペンさんの言った通り、になる。

　何年か後に、私は教会委員長をさせていただくことになった。けれども、その先に起こりうることへの不安と重責に押しつぶされそうになり、大津教会に移られたカンペンさんを訪ね、「どうしたらよいかわかりません、私は何もできない」、カンペンさんに泣きついた。

　「良く気付いたね。若くして気付いたことは幸せだ。人間は何もできない。何かするのは神さまだ。どうにかしようと思うことは、人のおごりだよ」、「まぁ～ま」。笑顔で送り出してくれた。背負ってくれた。イエスさまのように。

＊　　　　　　＊　　　　　　＊

　私はカンペンさんに、神さまへの絶対的な信頼を持つイエスさまを見ます。「まぁ～ま」の中に揺るぎない力強さを感じます。

　カンペンさんから、何十年たっても、日本では外国人、祖国では日本人と言われる、とお聞きしたことがあります。日本で暮らす他国籍の人たちにとことん寄り添い、日本人のために神さまの愛を伝え抜く。背景にそれがあるのでしょうか。

　昨年はかないませんでしたが、毎年、クリスマスには家族そろって大津教会のミサにあずかります。たしかに歳をとられました。でも、なおもその生き方を見せていただくとき、カンペンさんの手であげてくださるミサでの一挙一動、耳に届く言葉の一つ一つが全身にしみわたっていくように感じます。

　そして、先日。カンペンさんから近況が届きました。「コロナヴィルスのために少し時間があります。（中略）主な仕事は日曜日の説教と毎日のツイッター です。（中略）コロナヴィルスが収束したら、会いましょう」。

　一緒に歩いてくださる、ね。わかった！　頑張る！　私も！　絶対に！　会えるね。大丈夫。力をいただきました。

　カンペンさん、いつもありがとう。

　今度は私から。「カンペンさんに感謝！たくさん感謝」。

　神さまは、「私はある」とおっしゃいました。カンペンさんも、ある、と私は思っています。

［横浜教区　末吉町教会］

3.

アンドレ・ヴァン・カンペンハウド
──── 講述・説教・ツイッターから

求道者の歩む回心への道

1.　はじめに

　初めて教会を訪れる人の中には、生きる意味を求める人が多くいます。また、それだけではなく自分の存在意義や、命の終わりについて考える人もいます。その答えは福音にありますが、自分の考え方を改めなければ、福音に入ることはできません。「悔い改めて福音を信じなさい」（マルコ1・15）。福音を信じることと回心することとは切り離せません。イエスはそのことを繰り返し主張しています。「はっきり言っておく。人は新たに生まれなければ、神の国を見ることはできない」（ヨハネ3・3）。ですから、求道者を回心に導くことはカテキスタの大切な務めです。

　回心の第一の段階は、無償で神に愛されていることを認識することです。自分の過去には良くないことがあったとしても、神はそのような自分を愛し続けてくださっていると信じるようになることです。

　第二の段階は、イエスに結ばれて、神の愛に応えて、神と隣人とを愛する者になることです。

2.　回心の第一の段階は、神の愛を信じること

教会の門をたたく力は神からの計らいです

　決意して教会に初めて来た人は、自分の意志で来たと思っています。確かにそうです。まわりの反対を乗り越えて来た人もいます。しかし、それは神の恵みがあったから、その勇気を持つことができたのだと理解してほしいのです。神の愛は何よりも先にあり、無償で与えられることを理解すれば緊張感は安らぎに変わります。教会を訪れた人が、自分では意識していなかったけれども、前々から神に愛されていて、神に招かれてきたのだと悟ることは回心の始まりです。「あなたがわたしを選んだのではない。わたしがあなたがたを選んだ」（ヨハネ15・16）。

　湖で網を打っていたペトロ（マタイ4・18-20参照）、井戸に水を汲みに来たサマリアの女性（ヨハネ4・7-30参照）、お金に全幅の信頼を置いていた徴税人のザアカイ（ルカ19・1-10参照）、も、イエスに呼びかけられることをまったく期待していなかったので、準備をしていませんでした。

　また、パウロはイエスに呼ばれるために準備をするどころか、イエスをはじめと

するキリスト教徒を激しく迫害していました。ですからパウロは、神の愛がいつも先にあることをたびたび述べています。「わたしを母の胎内にあるときから選び分け、恵みによって召し出してくださった神が、御心のままに、御子をわたしに示して、その福音を異邦人に告げ知らせるようにされた」（ガラテヤ 1・15-16）。

　神に救いを求める人は信仰以外には何も要求されません。それは、エリコの盲人バルティマイ（マルコ 10・46-52 参照）や、娘の癒しを願った会堂長ヤイロ（マルコ 5・22-43 参照）、12 年間も患って出血が続いていた女性（マタイ 9・18-22 参照）が、信仰以外には何も要求されなかったことからも分かります。「恐れることはない。ただ信じなさい」（マルコ 5・36）。

自分の過去にかかわらず、神に愛されている

　求道者は、皆、それぞれに過去があります。まっすぐ生きてきた人、離婚した人、まわりの人たちとうまくいかない人、隣人をだました人など、いろいろです。そのようにさまざまな過去を抱えて教会を訪れる人に、イエスが民衆から非難され排斥されていた徴税人と罪びとを迎えて、一緒に食事をしていたことを知らせるなら、彼らには新しい希望が湧き出てくるでしょう。

　また、「見失った羊」を見つけ出すまで捜し回る羊飼いの話は、求道者にとって力になります。羊は戻るために何も努力していなくても救われました。努力しているのは羊飼いだけです。羊を捜すために羊飼いは苦労をしましたが、羊を見つけた時にはその苦労を忘れて、ただ心から喜んでいるだけです。見失った羊をどんなに愛していたかがよく分かります（ルカ 15・3-7 参照）。イエスが「まず準備してから来なさい」と言ったとは、福音書のどこにも書いてありません。自分の生き方を反省することは必要ですが、自分自身を鏡で見ることはためになるとは思えません。イエスを見てから自分を反省することになるのです。回心はイエスに出会う条件ではなく、出会った結果なのです。

　自分の長所、短所を調べ上げて、その目録を作るのは無意味です。たとえ、自分が罪を犯した人間であっても、神に愛され続けているからこそ、教会まで神に導かれてきたのだと理解することが正しい出発点です。

十字架の内に、神の計り知れない愛を見いだす

　利己心、傲慢、欲望のかたまりである罪を贖うことができるのは無限の愛だけです。求道者が十字架の内に、すべての人と自分とに対する御父とイエスの愛を読み取れるように導くことは養成の核心です。ヨハネの福音には「神は、その独り子をお与えになったほどに、世を愛された。独り子を信じる者が一人も滅びないで、永遠の命を得るためである。神が御子を世に遣わされたのは、世を裁くためではなく、

御子によって世が救われるためである」(ヨハネ3・16-17)とあります。また、ヨハネの第一の手紙は、「イエスは、わたしたちのために、命を捨ててくださいました。そのことによって、わたしたちは愛を知りました」(Iヨハネ3・16)と述べています。

イエスの十字架は、悪、罪、死に対する愛の勝利です。私たちをその勝利に与らせているので、私たちの罪に対する勝利でもあります。そのことを悟ることができれば、求道者はパウロのように、「生きているのは、もはやわたしではありません。キリストがわたしの内に生きておられるのです。わたしが今、肉において生きているのは、わたしを愛し、わたしのために身を献げられた神の子に対する信仰によるものです」(ガラテヤ2・20)と、心から言えるようになるのです。

3. 回心の第二の段階は、神の愛に応えること

神の恵みに自由意志で応える

神は無償で人を愛して人を招きますが、人はその招きに自由意志をもって応えなければなりません。神の恵みは人間の自由意志なしには働いていません。神はその自由意志を強めて、神の愛に応える恵みを与えてくださるのです。神の恵みと人の自由意志の共同の働きになります。

しかし、神は人に応えを強いることはありません。「見よ、わたしは戸口に立って、たたいている。だれかわたしの声を聞いて戸を開ける者があれば、わたしは中に入ってその者と共に食事をし、彼もまた、わたしと共に食事をするであろう」(黙示録3・20)とあるように、神は人の自由を尊重してくださるのです。

神との対話なしに回心はない

神の愛に応える人は神との対話を始めます。神に「あなた」と呼びかけるようになります。神は私に何をお望みだろうかと自問し、同時に信頼をもって自分の願いを神に打ち明けます。このように、祈りは神との新しいつながりの始まりです。それは、信仰への道のいちばん大切なターニングポイントです。祈らない求道者は、神と自分との絆がまだ十分ではないと言えます。

イエスのように考え、話し、行い、愛する

祈りの中で自分に対する神の望みを探し求める時、自分の利己心や傲慢などから解放されるだけの「回心」、すなわち、犯した罪の赦しを受けて生きるだけの「回心」ではなく、考え方を変えて、世の考え方からイエスの考え方に転換する「回心」を願います。これはイエスの弟子になるために最も大切な条件です。

求道者の養成は、イエスの目で世を見るように導くことです。パウロはユダヤ教

の熱心な信者で、律法を厳格に守っていましたが、ダマスコへの道で、復活された
キリストに出会った時、彼の考え方はまったく根底から変えられました。迫害をす
る者から宣教をする者に変わったのです。回心は、悪い習慣を捨てるだけではなく、
世の考えを脱ぎ捨て、イエスの考えに移っていくことです。それは福音のどこにで
も見ることができますが、特に隣人に対する愛と教会の普遍性の内に表れています。

イエスの新しい掟は隣人を愛することです

　イエスは弟子たちの兄弟愛を特に強調されています。最後の晩餐の時に、イエス
が弟子たちに言っています。「あなたがたに新しい掟を与える。互いに愛し合いな
さい。わたしがあなたがたを愛したように、あなたがたも互いに愛し合いなさい」（ヨ
ハネ 13・34）。

　神を愛することと隣人を愛することとは切り離せないことです。マルコの福音に
もあるように、「第一の掟は、これである。『イスラエルよ、聞け、私たちの神であ
る主は、唯一の主である。心を尽くし、精神を尽くし、思いを尽くし、力を尽くし
て、あなたの神である主を愛しなさい』。第二の掟は、これである。『隣人を自分の
ように愛しなさい』。この二つにまさる掟はほかにない」（マルコ 12・29-31）のです。

　それはマタイの福音書の最後の審判のたとえ話の中でも強調されています。自分
に助けを求める人に応えることです。飢えている人、旅をしている人、（移民）を
助けることは神の望みです。すなわち、貧しい人を優先的に愛することです。貧し
い人に示す愛はイエスに対する愛です。「はっきり言っておく。わたしの兄弟であ
るこの最も小さい者の一人にしたのは、わたしにしてくれたことなのである」（マ
タイ 25・40）。

隣人へのいつくしみは隣人を赦すことである

　隣人に対する反感、憎しみはなくすべきだとヨハネは強調しています。「『神を愛
している』と言いながら兄弟を憎む者がいれば、それは偽り者です。目に見える兄
弟を愛さない者は、目に見えない神を愛することができません」（ヨハネ 4・20）。

　その兄弟愛の一つの試金石は人を赦すことです。「あなたがたの一人一人が、心
から兄弟を赦さないなら、わたしの天の父もあなたがたに同じようになさるであろ
う」（マタイ 18・35）。求道者にもそれを求めるべきです。しかし、その掟を実践す
る力は、聖霊が自分の内に働いていると信じるところから湧き出てきます。

兄弟愛は人々を分離させる壁を乗り越える

　カトリック教会の特徴はその教義の普遍性にあります。兄弟愛はすべての壁、人
種の壁、宗教の壁、財産の壁などを乗り越える普遍的な愛です。これは現代社会に

最も必要な精神です。「洗礼を受けてキリストに結ばれたあなたがたは皆、キリストを着ているからです。そこではもはや、ユダヤ人もギリシャ人もなく、奴隷も自由な身分の者もなく、男も女もありません。あなたがたは皆、キリスト・イエスにおいて一つだからです」（ガラテヤ3・27-28）。

福音は世の価値観に逆らうので反対される

回心すると苦労することもあります。イエスは弟子たちに、世から迫害されることを隠しませんでした。「わたしはあなたがたを遣わす。それは、狼の群れに羊を送り込むようなものだ」（マタイ10・16）。

イエスは、弟子が固い覚悟をしないのなら、ご自分についてくることはできないと言っています。「わたしよりも父や母を愛する者は、わたしにふさわしくない。……また、自分の十字架を担ってわたしに従わない者は、わたしにふさわしくない」（マタイ10・37-38）。これは非常に厳しいことです。

けれどもイエスは、世から迫害される時には、必ず、聖霊の力が豊かに与えられると約束なさいました。「話すのはあなたがたではなく、あなたがたの中で語ってくださる、父の霊である」（マタイ10・20）。そして、イエスご自身もいつも一緒にいてくださるという約束もしてくださいました。「わたしは世の終わりまで、いつもあなたがたと共にいる」（マタイ28・20）。

堅信の秘跡によって、いつも自分を支える聖霊の力が与えられます。ですから、安心してイエスについていくことができます。「希望はわたしたちを欺くことがありません。わたしたちに与えられた聖霊によって、神の愛がわたしたちの心に注がれているからです」（ローマ5・5）。

キリストと結ばれて、愛する力が与えられる

受洗した人は、自分の内にある神の愛の力で、隣人を愛する力を与えられています。また、受洗した人はぶどうの枝が木とつながって実を結ぶことができるようになります。「わたしはぶどうの木、あなたがたはその枝である。人がわたしにつながっており、わたしもその人につながっていれば、その人は豊かに実を結ぶ。わたしを離れては、あなたがたは何もできないからである」（ヨハネ15・5）。このことも求道者に味わわせたいものです。

イエスの家族の一員となる

最後に、もう一つ大切なことを求道者に味わわせなければなりません。それは、求道者は一人で努力をしているのではないということです。入信の秘跡によって、求道者はイエスの家族の一員になります。そして、お互いのために祈ったり、助け

合ったり、励ましあったりする教会共同体に支えられることを体験することになります。

　入信志願者は受洗したら、ミサの時、兄弟姉妹と一緒にイエスのみ言葉を聴き、兄弟姉妹と一緒にイエスの食卓を囲んで、イエスの御からだをいただくことによって、神の家族の一人であることを実感します。そして、主イエスが世の終わりまでご自分の教会と共にいてくださり、御父のみ国のために働く喜びを弟子たちに与えてくださっていると確信するようになります。

4.　おわりに——回心は喜びと力の源です

　ここまでの道のりを歩んできた求道者は、教会の門をたたいてから、入信の秘跡を受けるまでの回心への歩みが、まことの喜びへの歩みだったと受けとめることができ、また、味わうことができるでしょう。

　「これらのことを話したのは、わたしの喜びがあなたがたの内にあり、あなたがたの喜びが満たされるためである」（ヨハネ 15・11）。

　これからも、教会の中に働いている聖霊の恵みによって、いつもその喜びをもって生き、その喜びを隣人と分かち合うことができますように。

　「いつも喜んでいなさい。絶えず祈りなさい。どんなことにも感謝しなさい。これこそ、キリスト・イエスにおいて、神があなたがたに望んでおられることです」（Ⅰテサロニケ 5・16-18）。

　「主において常に喜びなさい。重ねて言います。喜びなさい。あなたがたの広い心がすべての人に知られるようになさい。主はすぐ近くにおられます。どんなことでも、思い煩うのはやめなさい。何事につけ、感謝を込めて祈りと願いをささげ、求めているものを神に打ち明けなさい」（フィリピ 4・4-6）。

　回心には始まりがありますが、終わりはありません。神に向かって進むことは、聖霊の力によって、今までの自分を超えて生きることです。神の望み通りの自分になることは神のようになることだからです。「あなたがたの天の父が完全であられるように、あなたがたも完全な者となりなさい」（マタイ 5・48）。これはすばらしい目標です。

　信仰は神に対する信仰だけではなく、自分自身に対する信仰——神の子キリストの兄弟、聖霊の神殿となった自分を信じることでもあります。同時にそれは完全な喜びです。

［『福音宣教』2018 年 6 月号］

信徒の信仰養成

1. はじめに

信仰の養成は本人と共同体の責任です

　信仰は神の賜物ですが、人はその賜物を受け入れる必要があります。したがって信仰の成長も同時に、神の恵みとその恵みに応える人の働きによるものです。

　また、共同体には受洗者を兄弟姉妹として迎えた責任があります。洗礼は到着点ではなく、出発点です。信仰は成長しなければ、弱くなります。

　信仰を深めることは知識を蓄えることではなく、イエスについていくことを学ぶことです。希望と愛の成長が伴わなければ、信仰の成長は萎縮します。

　信仰の成長は人生の体験と深い関係にあることは否めません。一人ひとりの現状に左右されます。信仰の危機がなかった人、幼児洗礼を受けた人が大人になってから迷う人、しばらく信仰が眠っていた人、信仰に対する疑問を抱いている人など、それぞれの場合で成長の道は異なります。また、人生の中で信仰の成長を助ける時期があるでしょう。例えば親になるとき、退職するとき、病にかかるときなどです。逆に、入社するとき、結婚するときなどに、信仰の道を歩み続けることが難しくなることもあります。

現代文化の影響

　現代文化における消費主義は、過度の個人主義を増長させますので、隣人愛の福音によって生きることは難しくなりました。すべてが絶えず変化するかのように、コンピューターは時間の感覚を変えてしまったために、過去を参考にすることも、未来を信頼し約束することも難しくなりました。しかし、現在とは、過去に影響されて未来を作るはずのものだから、瞬間に生きるだけでは、人生の意味が分からなくなります。

　コンピューターのおかげで、多くの人と手軽に交流ができることは幸いなことですが、交流は浅いものにとどまります。福音が説く真の交わりとは大きく違います。

　また、信仰のない立派な人に出会うとき、信者は自分の信仰を試されます。そのとき信者は、信仰は救いの根本的な条件ではなく、神の計り知れない恵みであることを自覚します。

2. 信仰養成の目標

キリストは御父への道です

キリストは御父の愛を知らせるために人となりました。信仰の養成を可能にするのは、自分に対する御父の愛を信じることです。キリストが教えた神は、人が真の自分自身になることを望んでおられる神です。キリストは御父への道であると信じることが信仰の基礎です。

神の愛を悟ることは、イエスの十字架の神秘を正しく理解することです。「神は、その独り子をお与えになったほどに、世を愛された」（ヨハネ3・16）。十字架は、イエスが人間の代わりに罰を受けた場ではなく、御父の無限の愛に、御子が完全な愛で応えた場、イエスの愛によって人間の利己心がいやされた場です。救いは神の絶対的なゆるしで、無償で与えられるものだと信じることです。「わたしたちすべてのために、その御子をさえ惜しまず死に渡された方は、御子と一緒にすべてのものをわたしたちに賜らないはずがありましょうか」（ローマ8・32）。

神の愛を信じて、その愛に応えようとする心を持つこと、これは、私たちが洗礼の日から世を去る日までの、信仰成長の第一の目標です。

自分自身に対する信仰を意識する

神を信じることだけはなく、自分の尊さを信じることも大切です。イエス・キリストに結ばれて、キリストの兄弟姉妹になって、聖霊に生かされて御父の子であることを味わい、自分自身の尊さを信じることも必要です。キリストにつながれて生き、真の自分になることができると確信することは、信仰養成に欠かせないことです。

教会とともに生きる

信仰は個人の信仰でありながら、教会の信仰でもあります。個人は教会の信仰の内に生きています。一人でイエス・キリストについていくことはなく、兄弟姉妹に助けられて、キリストのように考え、話し、働き、愛することを教会で学びます。それを可能にするために、まず共同体の中に自分の場を見つけ、共同体の中で自分の役割、奉仕を自覚して、皆と一緒に働くようにすることです。

まことの自由に生きる

信仰すること、愛することは自由な行為です。強制的に信じさせたり、愛させたりすることはあり得ません。神を信じ始めた人は、ますます自由に生きるように招かれています。「あなたがたは、自由を得るために召し出されたのです。ただ、この自由を、肉に罪を犯させる機会とせずに、愛によって互いに仕えなさい」（ガラ

テヤ5・13)。自由とわがままはまったく異なるものです。目先の欲望に従うことは自由を否定する行為です。

人は自由を持つ者として造られましたが、その自由は種として与えられました。人はその種である自由を育てなければなりません。信仰の養成は自由の養成とつながっています。「この自由を得させるために、キリストはわたしたちを自由の身にしてくださったのです。だから、しっかりしなさい」（ガラテヤ5・1）。自由は努力によって得られる徳です。自由を育てることはできますが、自由を失うこともあります。「自由な人として生活しなさい。しかし、その自由を、悪事を覆い隠す手だてとせず、神の僕として行動しなさい」（Ⅰペトロ2・16）。まことの自由に導く方はキリストです。「もし子があなたたちを自由にすれば、あなたたちは本当に自由になる」（ヨハネ8・36）。

遣わされた者として生きる

イエスはご自分の証人として弟子を世の中に遣わされています。「父がわたしをお遣わしになったように、わたしもあなたがたを遣わす」（ヨハネ20・21）。人はもちろん、まず言葉で証ししますが、行いの証しがなければ、言葉の証しは無駄になります。

信者は社会の秩序を変える努力と自然を守る熱心さによって証しします。争いの世を兄弟姉妹的な住み家にすることです。壁のない社会を作ろうとする人はたびたび政治家と戦うことになります。「わたしはあなたがたを遣わす。それは、狼の群れに羊を送り込むようなものだ。だから、蛇のように賢く、鳩のように素直になりなさい」（マタイ10・16）。

そして、信者とは、共通の家である大自然が破壊されないように警戒し、科学の進歩がすべての人のためになるように意識して働く人のことです。

3. 信仰養成の手段

信仰は三つのレベルで生きています。

一つは聖書を神の言葉として受け、そのことばに従うこと、次は秘跡によって生かされること、そして自分の行いによって世を福音に従わせることです。一つのレベルだけを重んじると信仰は実りません。この三つはどれも同じように大切です。

個人の祈りを深める

多様なニュース、呼びかけが押し寄せる世の中で、人は自分を見つけるために沈黙の時間を設けなければなりません。その沈黙の中で自分を見つけるだけではなく、神に出会うこともできます。神と話したり、神の言葉を聞いたりします。「あなた

が祈るときは、奥まった自分の部屋に入って戸を閉め、隠れたところにおられるあなたの父に祈りなさい」（マタイ6・6）。

祈る習慣を身に付けることは大切です。習慣によって振る舞うことは良くないといわれますが、良い習慣はエネルギーをキープし、緊張をなくすこともあります。朝と晩の祈りをする習慣、主日にミサに与る習慣は祈りを深める大きな助けになります。

聖書、特に福音に親しむ

聖書、特に福音を読まなければ、キリストを知ることは不可能です。現生的な価値のみを自分の考え、行動の基準にするのなら、キリストの弟子として生きることはできません。キリストについて行くことは、キリストの心を自分の心にすることです。静かに一人で聖書を読み、ミサにおけることばの典礼を重んじるように、自分自身を養成するべきです。ことばの典礼は、感謝の典礼の準備ではなく、ことばの食卓によって、キリストに養われるものだからです。

教会の典礼を生きる

典礼は、信仰生活のすべてではありませんが、その土台です。典礼はイエスの祈り、働きに与ることで、人がどういうものであるかを教え、正しい生き方を可能にするものです。また、教会の、一致と普遍性を表しながら、信者の心を育てます。

典礼は、私たちが三位一体のうちに生きていることを体験させ、神の愛に与らせ、愛する者にします。特に、エゥカリスチア（感謝の祭儀）はそうです。御父は御子の愛の死を受けて御子を復活させ、御子を私たちに与えてくださいます。御子はご自分とご自分の内にいる私たちを御父にささげます。御父と御子の愛である聖霊は私たちを神の愛で満たしてくださいます。

キリストの過越を中心とする典礼暦年に沿って、教会とともに生きることは生きた信仰に欠かせないことです。典礼暦年の各節に教会の指導を受けることは信仰の養成の鍵です。

典礼のバックボーンは秘跡ですから、その理解は信仰の養成に欠かせないことです。その理解を深めるために秘跡のいくつかの要素を見てみたいと思います。

まず、秘跡はある儀式によって恵みがモノのように必ず与えられるといった考えから、キリストとの恵みに満ちた出会いのシンボルであるとの理解へと深めることが大切です。この出会いのうちにキリストが恵みを与えてくださいます。上から下への恵みです。またこの出会いの中で、キリストからいただいた恵みに感謝します。自分を神にささげる出会いです。下から上への信仰の動きです。また、秘跡はいつも教会の行為ですから、教会との結びつきを生かす時です。洗礼の秘跡によって教会の一員となり、エゥカリスチアによって、教会の兄弟姉妹と共に主の食卓に与り、

和解の秘跡によって教会とのつながりが再び生きてきます。

共同体との交わりを深める

　個人の信仰は教会の信仰に与ることですから、信仰の養成は共同体の一員として生きるように導くことです。共同体の中で自分の場を見つけ、共同体の中でどういう奉仕ができるかを考えさせることです。

　共同体の基礎である主日のミサで、兄弟姉妹的な共同体は作られ、キリストの使命に与ります。めいめいがその使命を果たすために派遣の祝福を受けます。

普遍の教会を意識する

　ミサは一つの地域教会によってささげられても、常に普遍的な教会のミサです。なぜなら、すべてのミサは唯一のキリストの祭司職を通して御父にささげられているからです。したがって教会の普遍性と統一性を味わいながらミサに与ることが望ましいのです。

　教会の普遍性はキリストの内に既にあります。しかし、地上の教会においてはまだ完全ではありません。教会の中で、それぞれの信者のもつ文化的特質が十分に開花されているとは言えません。

　同時に忘れてはいけないことは、すべての文化は、例外なく、福音によって清められなければならない面があるということ、また、その良いところを生かすべきであるということです。

　教会の一致は多様な文化の豊かさの中で交わりを目指す一致です。しかし文化と文化の間には壁があります。私たちはその壁を乗り越えるように招かれています。

　教会の統一性も、キリストの内には既にできているに違いありません。受洗したすべての信者はキリストの神秘体に与っているからです。しかし、この一致をこの世で現わさなければなりません。このことはキリストの最後の望みでした。「父よ、あなたがわたしの内におられ、わたしがあなたの内にいるように、すべての人を一つにしてください。彼らもわたしたちの内にいるようにしてください。そうすれば、世は、あなたがわたしをお遣わしになったことを、信じるようになります」（ヨハネ17・21）。

教会の罪を背負う

　「福音を信じても教会は信じない」と言う人もいます。しかし、教会とは、「しみやしわやそのたぐいのものは何一つない、聖なる、汚れのない、栄光に輝く」（エフェソ5・27）存在です。一方で教会は、「神の民」であると同時に、「罪びとの民」でもあります。したがって、いつも刷新されるべきです。

教会がキリストの体であるという面だけを考えると、教会の罪を隠す傾向が出てきます。

キリストに与えられた使命を果たす

私たちは聖霊の力に強められて、教会にではなく、世に遣わされています（使徒言行録1・8参照）。

第一に、兄弟姉妹的な世を作るためです。それはいろいろな不正をただすことになりますので、世からの攻撃を受けます。その使命は悪との戦いでもあります。根源的な悪は、人間にはなく、悪魔だけにあります。人間にとっての悪とは、悪魔の根源的な悪に協力することです。

第二に、遣わされるのは創造を完成させるためです。神は人を創造の協力者としてくださいました。神は人祝福して言われました。「……地に満ちて地を従わせよ」（創世記1・28）。教皇フランシスコは、回勅『ラウダート・シ』で、共通の家である大自然を大切にするようにと願っています。

神は未完成の世を人と共に完成させます。その点で最近著しい進歩が見えてきました。人はいろいろな病気を克服しましたし、火星や小惑星への探査を成功させました。また、AI（人工知能）技術の進化は目を見張るものがあります。

しかし、この進歩の方向が間違っていることもあります。貧困に苦しんでいる人々のために使うべき資金とエネルギーを、人の命を奪う戦争のために使ったり、文明の進歩が一部の人たちのためにしかなっていなかったりすることです。

喜びを育てる

信仰は喜びを増してくれます。イエスの弟子は苦労をしながらも、喜び、平和をもって生きるようになります。「希望の源である神が、信仰によって得られるあらゆる喜びと平和とであなたがたを満たし、聖霊の力によって希望に満ちあふれさせてくださるように」（ローマ15・13）。

［『福音宣教』2019年6月号］

G・ルオー
《聖母は、子の行く末を憂う》
［152頁参照］

聖霊の導きのもとに

西島 静夫 ［記録・編集］

2010年6月20日　年間第12主日／C年
「日々、自分の十字架を背負って、わたしに従いなさい」（ルカ9・23）

福音朗読　ルカによる福音（ルカ9・18-24）
　イエスがひとりで祈っておられたとき、弟子たちは共にいた。そこでイエスは、「群衆は、わたしのことを何者だと言っているか」とお尋ねになった。弟子たちは答えた。
　「『洗礼者ヨハネだ』と言っています。ほかに、『エリヤだ』と言う人も、『だれか昔の預言者が生き返ったのだ』と言う人もいます」。イエスが言われた。「それでは、あなたがたはわたしを何者だと言うのか」。ペトロが答えた。「神からのメシアです。」
　イエスは弟子たちを戒め、このことをだれにも話さないように命じて、次のように言われた。「人の子は必ず多くの苦しみを受け、長老、祭司長、律法学者たちから排斥されて殺され、三日目に復活することになっている」。それから、イエスは皆に言われた。
　「わたしについて来たい者は、自分を捨て、日々、自分の十字架を背負って、わたしに従いなさい。自分の命を救いたいと思う者は、それを失うが、わたしのために命を失う者は、それを救うのである」。

　今日の福音を聞くと、いろいろなことを考えさせられます。まず、最初の言葉は「イエスがひとりで祈っておられたとき」ですが、こういう言葉はルカの福音書の中にたびたび出てきます。毎回、祈りの後でいつも大切なことが行われるか、大切なことを言われるのです。イエスが祈っておられるときは、自分について御父の望みが何であるかということを考えていたに違いないのです。
　今日の福音では、イエスはご自分がイスラエルの人々に認められずに、排斥されるのだと分かって、しかもそれは御父の道だと悟っていました。そのことを、弟子たちの心を整えるために、イエスは弟子たちに言わなければならないのです。
　まず、人々が自分について何と言っているかとお尋ねになりました。弟子たちは「預言者のような人だ、預言者だ」と答えます。イエスはまだ群衆に認められていたのです。私たちの社会でも、多くの人はイエスについて、優れている人だと考えていますが、それだけです。

次にイエスは弟子たちに、あなたがたはどう思うのかと聞きます。この言葉は私たちに言われた言葉でもあると考えなければなりません。私たち一人ひとりはイエスをどう考えているでしょうか。イエスは御父から遣わされた方、私の神であると考えているでしょうか。聖トマスのように「わたしの主、わたしの神」（ヨハネ20・28）と思っているでしょうか。

　聖ペトロは、あなたはメシアだと答えます。神様は私たちを救ってくださる方であるという意味なのです。けれどもペトロは、メシアが歩むべき道が何であるかということをまだ悟っていないのです。それでイエスは弟子たちに言ったのです。「わたしはイスラエルの祭司長たち、律法学者たち、ファリサイ人から排斥されて、殺される。けれども、神がわたしを守ってくださる。わたしは復活する」と。それから皆に向かって言われたのは、わたしについて来たいならば自分を捨てなさい。自分の十字架を背負って来なさい、ということでした。

　皆さんはイエスについて行きたいでしょう。イエスの道を歩んで行きたい……そのために今日ここに集まっているのです。自分の十字架を背負うという言葉は心の中にどのように響きますか。

　自分の十字架とは何でしょうか……。十字架そのものを望むことが要求されるのではありません。もしイエスの望んでいる道を歩んで行くのなら、十字架は自然にやってくるのです。イエスの十字架は、悪と戦ったから、排斥されたことです。宗教の過ちも指摘したから、上の人の罪を指摘したから、排斥されたのです。

　私たちもこの社会の悪と戦うならば、排斥されるのです。それは私たちの十字架です。けれども私たちは、真理を言う勇気を持っていなければならないのです。

　新聞などでもときどき報道されますが、若者のグループがあって、そのボスがこうやれと仲間に命令する。これはやってはいけないと分かっていても、反対することができないでやってしまうことが良くあるでしょう。グループから排斥されるのを恐れるからやってしまうのです。大人の社会でも、自分の会社が悪いことをしていても、黙っていた方が無難だと考える人がいます。けれども、本当の意見を言う力があるならば、やはり十字架はやってくるのです。

　もう一つ考えなければならないことは、自分を捨てる、ということです。自分を捨てるということは、人を愛し、その人に仕えることなのです。私が知らない人の死を知らされても、ああそうですかというだけかも知れません。けれども私の親しい人が亡くなると、苦しむのです。自分の子どもが帰天したとき、あるいは重い病気になったとき、その子を愛しているお母さんはどんなに苦しむことでしょう。愛すればするほど、苦しむということは有り得るのです。愛している人に何かしてあげたいと思う人は、自分の時間が無くなるのです。これは自分を捨てることなのです。

　残念ながら、いろいろな人は自分が苦しまないために、他人の事だから関係が無

いと言ってしまうのです。アフリカの子どもたちが飢え死にしているのを聞いても、それは自分に関係が無い、どうせ何もできないのだと考えて、そのことを忘れてしまいます。

　この福音の最後の言葉に注意しましょう。命を捨てる人は生きるが、その反対の人は死んでしまう、というイエスの言葉があります。人のために何もしなくていいと思う人は、楽な生活を送ることができると考えているでしょうが、枯れてしまうのです。一人ぼっちになってしまうのです。けれども、人のために働いた人は自分の時間が無くなるでしょう。自分のやりたいことをできなくなるかも知れません。けれどもその人は生きるのです。すべての人に尊敬されるのです。

　私たちは自分の十字架を探す必要は無いのです。悪と戦えば、人を愛すれば、私たちはイエスと同じ道、十字架の道を歩んで行くことになるのです。

2011年9月25日　年間第26主日／A年
「どちらが父親の望み通りにしたか」（マタイ 21・31）

福音朗読　マタイによる福音（マタイ 21・28-32）

「ところで、あなたたちはどう思うか。ある人に息子が二人いたが、彼は兄のところへ行き、『子よ、今日、ぶどう園へ行って働きなさい』と言った。兄は『いやです』と答えたが、後で考え直して、出かけた」。

　弟のところへも行って、同じことを言うと、弟は「お父さん、承知しました」と答えたが、出かけなかった。「この二人のうち、どちらが父親の望みどおりにしたか」。彼らが「兄の方です」と言うと、イエスは言われた。「はっきり言っておく。徴税人や娼婦たちの方が、あなたたちより先に神の国に入るだろう。なぜなら、ヨハネが来て義の道を示したのに、あなたたちは彼を信ぜず、徴税人や娼婦たちは信じたからだ。あなたたちはそれを見ても、後で考え直して彼を信じようとしなかった」。

　今日の福音の話は、まず、イエスが誰にこの話をしているか考えてみたいと思います。これは祭司長と民の長老たちに言った言葉です。彼らはいつもイエスに不平を言い、批判していました。イエスは徴税人や罪びとの仲間だ、罪びとと一緒に交わっている、と。彼らは、こういうことは汚れになるからいけないことだ、と考えていたわけです。

　けれども、イエスは何回も、神が憐れみ深いようにあなたたちも憐れみ深くなりなさいと、「『わたしが求めるのは憐みであって、いけにえではない』とはどういう意味か、行って学びなさい」（マタイ 9・13）と、言っていたのです。この「わたし

が求めるのは憐みであって、いけにえではない」（旧約ホセア6・6参照）というホセアの言葉は、マタイの福音書の中に2回も出てくるのです。マタイにとってはとても大切な言葉なのでしょう。

　神が望んでいることは「回心」です。イエスは祭司長や民の長老たち、宗教の専門家たちに、このたとえ話をあなたたちはどう思うか、考えなさいと言いました。けれども、今日、この福音を聞きますと、この言葉は私たちに与えられたのだなあと思います。「あなたはどう思うか」と……。

　次に私の心に残ったのは、「後で考え直して出かけた」というところです。兄は考え直した、つまり、兄は「回心」したのです。「わたしはいけにえではなく、憐みを求めている」……、結局、神様は心を変えることを望んでおられるのです。

　考え直す……、パウロは『エフェソの信徒への手紙』の中で、心の底から新たにされるように勧めているのです。心からの考え方を直すことです。自分の考え方をイエスの考えに合わせることは一生かかるでしょう。そしてそれは、福音書を読まなければ不可能に近いでしょう。なぜなら、イエスの考えは福音書の中にあるからです。

　私たちは神の御前で、皆、罪びとなのです。今日もミサの始めに「主よ、憐れんでください」と祈ったでしょう。そしてその前にも、罪を犯している私のために、兄弟たちよ、神に祈ってください、とお互いに頼み合いました。キリスト教は罪の宗教ではない。キリスト教は赦しの宗教です。神は罪びとの死を望みません。罪びとが立ち直って生きることを望んでおられるのです。考え直して、自分の道をまっすぐにする。そして出かける……。

　また、弟が答えて言った「承知しました」ということばも心に残ります。彼は、承知しましたと答えながら、出かけなかった、何も行わなかった……。これについてもマタイの福音の中に何回も出てくるのです。「『主よ、主よ』という人が皆、天の国に入るのではない。わたしの天の父の御心を行う人だけが入るのである」（マタイ7・21）と……。

　私はフランスのことわざを思い出しました。それは「地獄が善意で舗装されている」ということわざです。この意味は、いくら善意があってもその善意を行わなければ何にもならない、ということです。このたとえ話の弟は、「承知しました」と言って、結局、神をごまかしているのです。けれども神をごまかす人は自分をもごまかしているのです。善意は行いにならなければ何にもならないのです。

　さらに、もう一つの言葉が私にとって大切であったと思います。それはお父さんの言った、「子よ、ぶどう園へ行って働きなさい」という言葉です。これは一般の人に言ったのではなく、自分の子どもに言っているのです。このことを考えますと、今日もイエス様が私たちに、父である神のぶどう園に働きに行きなさいと言われた

気がするのです。これは私が子として頼まれたことになるのではないでしょうか。

2012年5月27日　聖霊降臨の主日／B年
「一同が一つになって集まっていると……」（使徒言行録2・1）

福音朗読　ヨハネによる福音（ヨハネ15・26-27、16・12-15）
「わたしが父のもとからあなたがたに遣わそうとしている弁護者、すなわち、父のもとから出る真理の霊が来るとき、その方がわたしについて証しをなさるはずである。あなたがたも、初めからわたしと一緒にいたのだから、証しをするのである。

　言っておきたいことは、まだたくさんあるが、今、あなたがたには理解できない。しかし、その方、すなわち、真理の霊が来ると、あなたがたを導いて真理をことごとく悟らせる。その方は、自分から語るのではなく、聞いたことを語り、また、これから起こることをあなたがたに告げるからである。その方はわたしに栄光を与える。わたしのものを受けて、あなたがたに告げるからである。父が持っておられるものはすべて、わたしのものである。だから、わたしは、『その方がわたしのものを受けて、あなたがたに告げる』と言ったのである」。

　聖霊降臨の祭日は、二千年前に教会の誕生にあたって行われた出来事を記念してお祝いするだけではないのです。そのときから絶えず、今日も、そして世の終わりまで聖霊が与えられることを祝っているのです。

　私たちは洗礼と堅信の秘跡によって、聖霊降臨が世の終わりまで続いていると知っています。今日も自分が受けた堅信の恵みを思い出しましょう。

　聖霊が与えられるのはイエスの死と復活の完成、そしてその実りです。第一朗読の「使徒たちの宣教」から二つのことを引いて、それについて考えていただきたいと思います。

　まず、「五旬祭の日が来て」ということですが、「五旬祭」はユダヤ教の祭日で、シナイ山で神様がモーセと契約を結んだ記念の祭日です。50日前に、イスラエルの民はエジプトから出ました。そして7週間の後、モーセがシナイ山で神からの十戒をいただいて、神との契約が結ばれました。

　イエスの復活から50日経って、今度は完全な契約が行われます。聖霊による神と神の民との一致。神の民が神の内にいるということは聖霊の力によることです。ミサのときに、「新しい永遠の契約」のことを言います。今日は新しい永遠の契約の実現を祝っているのです。

　次に、「一同は聖霊に満たされ、"霊"が語らせるままに、ほかの国々の言葉で話

しだした」ということですが、イエスの福音は普遍的なものです。すべての国に、すべての国の人々にその救いが及んでいます。イエスの救いは普遍的なことです。すべての文化は福音によって清められ、完成されます。そして、すべての国の人々は自分のことばで神を褒めたたえることができるのです。

　キリストの救いは普遍的なことですが、一人ひとりの人の心に沁み込まないといけないと……。第二の朗読で、聖パウロはそのように言っています。すべての回心は聖霊の恵みであると……。すべての回心は、利己心から愛の生き方になるということです。ですから、聖パウロは、あなたがたは聖霊の導きに従って歩みなさいと言っているのです。聖霊の恵みは愛と喜びです。肉のもたらす実は全部、利己心からのものです。けれども、霊のもたらす実はすべて愛なのです。「霊の結ぶ実」について、聖パウロの手紙では「愛と喜び」から始まって、最後は「節制」、セルフコントロールということばで結ばれています。私たちの霊的生活は、聖霊の恵みと私たちの努力との協力なのです。

　今日の福音の中では、聖霊の二つの働きが言われています。一つは弁護者の働きです。世はイエスに訴訟を起こして、イエスを裁いて、十字架につけてしまいました。しかし神はイエスの復活によって、イエスは正しい人だったと証明されました。今の世はイエスの弟子に訴訟を起こしています。しかし、聖霊が私たちのそばにいてくださいます。そして私たちを守ってくださるのだから、安心と勇気が私たちの心にあるわけです。世の反対があってもイエスの新しい弟子がいつも生まれてきます。

　二つめは、聖霊の働きによってイエスのおっしゃったこと、なさったことを理解することができるようになることです。「すべてを悟らせる」……。聖霊の導き、受けた教えを味わうこと、そして実行すること。これは私たちに与えられた聖霊の力によるのです。

　今日は大津教会設立60周年です。この60年の間、いただいた恵み、キリストの証をこの横須賀でできたことを神様に感謝したいと思います。同時に新しい熱心さをお願いいたします。聖霊に信頼して、新しい出発ができるように祈りましょう。新しい兄弟姉妹をイエスの弟子として迎え、また私たちに続いてくる若い世代がいつまでもイエスの証ができるように祈りたいと思います。

　「アッバ、父よ」と叫ぶ御子の霊を、私たちの心に送ってくださった神に感謝して、このミサを続けたいと思います。

2013年1月13日　主の洗礼／C年
「イエスが洗礼を受けて祈っておられると、天が開けた」（ルカ3・21）

福音朗読　ルカによる福音（ルカ3・15-16、21-22）

民衆はメシアを待ち望んでいて、ヨハネについて、もしかしたら彼がメシアではないかと、皆心の中で考えていた。そこで、ヨハネは皆に向かって言った。「わたしはあなたたちに水で洗礼を授けるが、わたしよりも優れた方が来られる。わたしは、その方の履物のひもを解く値打ちもない。その方は、聖霊と火であなたたちに洗礼をお授けになる」。

民衆が皆洗礼を受け、イエスも洗礼を受けて祈っておられると、天が開け、聖霊が鳩のように目に見える姿でイエスの上に降って来た。すると、「あなたはわたしの愛する子、わたしの心に適う者」という声が、天から聞こえた。

初めに申し上げましたように、今日の祝日で降誕節が終わります。降誕節はイエス様の誕生を祝う節というだけではなく、イエス様が救い主としてご自分を現わしたことを祝う節です。ご降誕のとき、イエス様はまず貧しい人たち、羊飼いたちにご自分を現わしました。そしてご公現のとき、イエスはイスラエル人の救い主としてだけではなく、異邦人の救い主でもあるということを示されました。今日の「主の洗礼」の祝日は、イエスが神の国のことを説き始めることで救いの道を示してくださることを祝うのです。

私たちは、イエスはどうして洗礼をお受けになったのだろうかと考えることがあるかも知れません。イエスは罪が無いので、洗礼によって自分の罪を償うとか清められるとか、そういうことはもちろんあり得ません。ご降誕のとき、イエスは私たちの仲間の一人としてこの世にお出でになりました。けれども、その仲間は罪びとの仲間でしたので、罪びととの連帯で洗礼を受けました。このことは、イエスは私たちの仲間に入って、私たちの罪をご自分の上に背負ってくださったということを示しています。

今日の福音は、イエスがご自分の使命をはっきりと意識する場面です。洗礼のときではなく、"洗礼を受けて、水から上がって祈っているとき、天が開け、聖霊が目に見える姿でイエスの上に降って、父の声が聞こえた"とあります。

天が開き……、イエスによって天と神と人間との交わりが新しく出来ることになりました。神のおられる天は、もう、閉じたままではないのです。通じているのです。聖霊はイエスの上に降って、イエスを導いてくださいます。天から聞こえた父の声は、「あなたはわたしの愛する子、わたしの心に適う者」でした。それでイエスは神の御国を説き始めるのです。

イエスは洗礼者ヨハネから洗礼を受けました。けれどもそのときから、イエスは

洗礼者ヨハネから離れていくのです。洗礼者ヨハネとイエスとは、似ているところと似ていないところとがあります。似ているところは、どちらも、「神の国が近づいたから回心しなさい」と説いたことです。けれども、ヨハネは砂漠で断食しながら人々が来るのを待っていたのに対して、イエスはガリラヤの緑の多いところへ行って、集会堂とかいろいろなところ……、人のいるところへ行って、神の慈しみや神の憐みを説いています。

「あなたはわたしの愛する子、わたしの心に適う者」ということばは、このときはイエスだけが聞きましたが、ご変容のときに、同じようなことばは弟子たちのためにもありました。ただそのときは、「これはわたしの愛する子」ということばのあとに、「これに聞け」ということばがありました（マルコ9·7）。弟子たちに、"イエスに聞くように"というメッセージがあったのです。イエスはそれから十字架につけられますが、そのときでも、イエスが神の御心に適う神の子であるということを弟子たちは悟らなければならなかったのです。

キリストの使命はキリストだけのものではなくて、私たちもキリストの使命に与っています。「父がわたしをお遣わしになったように、わたしもあなたたちを遣わす」と……。私たちも聖霊をいただいています。洗礼のとき、堅信のとき、そしてミサを捧げるたびごとに聖霊を受けているのです。

今日の福音には、イエスの上に聖霊が降ったとあります。聖霊降臨を思い起こします。聖霊降臨は、聖霊がイエスの弟子たちの上に降ります。これはイエスの使命を私たちが聖霊の力によって続けることができるためです。

今日の第二の朗読、「テトスへの手紙」のところで、聖パウロは、「神は、わたしたちの救い主イエス・キリストを通して、この聖霊をわたしたちに豊かに注いでくださいました」と述べています。

皆さん、私たちは聖霊の恵みを豊かにいただいています。この聖霊の恵みに自分を委ねましょう。そうすれば私たちはキリストの使命を果たすことができるのです。聖霊の恵みが豊かに注がれているのですから……。

今日は成人のお祝いがあります。これから若い人たちはどういうふうに自分の使命を果たすことができるか……。若い人たちはその使命を果たすための準備を、今、しているのです。間違いのない準備をしていただきたいと思います。

ここにいる皆さんの一人ひとりも、神からの使命を与えられているのです。ミサの終わりのとき、「感謝の祭儀を終わります。行きましょう、主の平和のうちに」と唱えます。主の平和を知らせるために行きましょう、と。これは私たちの使命です。

2013年9月1日　年間第22主日／C年
「だれでも高ぶる者は低くされ、へりくだる者は高められる」（ルカ14・11）

福音朗読　ルカによる福音（ルカ14・1、7-14）
　安息日のことだった。イエスは食事のためにファリサイ派のある議員の家にお入りになったが、人々はイエスの様子をうかがっていた。
　イエスは、招待を受けた客が上席を選ぶ様子に気づいて、彼らにたとえを話された。「婚宴に招待されたら、上席に着いてはならない。あなたよりも身分の高い人が招かれており、あなたやその人を招いた人が来て、『この方に席を譲ってください』と言うかもしれない。そのとき、あなたは恥をかいて末席に着くことになる。招待を受けたら、むしろ 末席に行って座りなさい。そうすると、あなたを招いた人が来て、『さあ、もっと上席に 進んでください』と言うだろう。そのときは、同席の人みんなの前で面目を施すことになる。だれでも高ぶる者は低くされ、へりくだる者は高められる」。また、イエスは招いてくれた人にも言われた。「昼食や夕食の会を催すときには、友人も、兄弟も、親類も、近所の金持ちも呼んではならない。その人たちも、あなたを招いてお返しをするかも知れ ないからである。宴会を催すときには、むしろ、貧しい人、体の不自由な人、足の不自由な人、目の見えない人を招きなさい。そうすれば、その人たちはお返しができないから、あなたは幸いだ。正しい者たちが復活するとき、あなたは報われる」。

　今日の福音で、イエスは二つのたとえ話を話されています。そのきっかけは、食事に招かれたことでした。
　最初のたとえ話は、「謙遜」についてです。謙遜とはどういうことでしょうか。謙遜は、自分を低く見ることではありません。自分が持っているタレント（才能・手腕）を喜ぶことは当たり前です。けれども、自分に何かができるということは、自分の力によるだけではなく、神と他の人のお蔭でもあると認めて、神と周りの人に感謝すべきことなのです。
　ルカの福音書にある、マリア様のマグニフィカト（Magnificat、聖母マリアの賛歌）は、本当の謙遜について教えてくれます。「わたしの魂は主をあがめ、わたしの霊は救い主である神を喜びたたえます。身分の低い、この主のはしためにも目を留めてくださったからです。今から後、いつの世の人もわたしを幸いな者と言うでしょう、力ある方が、わたしに偉大なことをなさいましたから」（ルカ1・46-49）。謙遜は感謝に導きます。
　今日の自分があるのは、神のお蔭だけではなく、親、学校の先生、教会のリーダー、良い友人など、多くの人たちのお蔭でもあります。人間は隣人との交わりの中で成長していくのです。もちろん、自分の責任も大事であることは言うまでもあ

りません。いつも、良い影響と悪い影響の選択が必要ですし、良い方向へ進むための努力も必要です。

　また、謙遜は、人に仕える心を育てます。人を愛する心を育てます。イエスと同じように、「仕えられるためではなく、仕えるために来た」（マタイ 20・28 参照）と、思うようになります。仕えられる権利があると思う人は、人を圧迫してしまいます。人に仕えられることを当然だと思う人は、感謝の心を忘れてしまいます。心からの、“ありがとう”、“恐れ入ります”、“お疲れ様”という、これらの言葉はとても尊い言葉です。

　“まことの誉れ”は、自分が自分に与える誉れではなく、人からいただく誉れです。今日の福音の教えはそういうことではないでしょうか。「だれでも高ぶる者は低くされ、へりくだる者は高められる。」とありますが、聖書の中で動詞が受け身形の場合、主語は神になっていることが多いのです。ここでは確かにそうなっています。自分を低くする人は、また感謝する人は、人に仕える人は、神によって高められるのです。

　二つ目のたとえ話の教訓は、「報いを期待して良いことをするなら、神からの報いを失ってしまう」ということです。“私は、今、あなたにこれを差し上げます。ですからこの次は、私があなたから同じ物をいただきます”という考えは、愛の心から出てくる考えではありません。

　同じ恩を返すことができない人を招きなさい。そうすれば必ず神のほうから報いがあります。「貧しい人、体の不自由な人、足の不自由な人、目の見えない人を招きなさい」と、イエスは今日の福音で言われました。イエスの時代には、これらの人たちに神殿に入る権利はなかったのです。これはイエスがたびたび話されたことです。

　イエスは友人同士の食事を、決して軽んじているのではありません。イエスは使徒たちと一緒に何回も食事を摂りましたし、マルタとマリアの家で食事を楽しんだこともありました。特に、これからミサの中で記念する、「最後の晩餐」の食事を思い出しましょう。

　イエスは弟子たちに、「苦しみを受ける前に、あなたがたと共にこの過越の食事をしたいと、わたしは切に願っていた」と言われました（ルカ 22・15）。

　今日のミサでも、イエスは、私たちにもそのように言ってくださいます。その食事をいただくとき、私たちは、イエスの謙遜、イエスの愛に与ります。

2014年12月8日　無原罪の聖マリア／B年
「おめでとう、恵まれた方。主があなたと共におられる」（ルカ1・28）

福音朗読　ルカによる福音（ルカ1・26-38）
〔そのとき〕天使ガブリエルは、ナザレというガリラヤの町に神から遣わされた。ダビデ家のヨセフという人のいいなずけであるおとめのところに遣わされたのである。そのおとめの名はマリアといった。天使は、彼女のところに来て言った。「おめでとう、恵まれた方。主があなたと共におられる」。マリアはこの言葉に戸惑い、いったいこの挨拶は何のことかと考え込んだ。すると、天使は言った。「マリア、恐れることはない。あなたは神から恵みをいただいた。あなたは身ごもって男の子を産むが、その子をイエスと名付けなさい。その子は偉大な人になり、いと高き方の子と言われる。神である主は、彼に父ダビデの王座をくださる。彼は永遠にヤコブの家を治め、その支配は終わることがない」。マリアは天使に言った。「どうして、そのようなことがありえましょうか。わたしは男の人を知りませんのに」。天使は答えた。「聖霊があなたに降り、いと高き方の力があなたを包む。だから、生まれる子は聖なる者、神の子と呼ばれる。あなたの親類のエリサベトも、年をとっているが、男の子を身ごもっている。不妊の女と言われていたのに、もう六か月になっている。神にできないことは何一つない」。マリアは言った。「わたしは主のはしためです。お言葉どおり、この身に成りますように」。そこで、天使は去って行った。

　あらためて、マリア様の無原罪の祭日、おめでとうございます。
　今日は喜びの日です。「入祭の歌」を歌わないときは「入祭唱」を唱えますが、今日の「入祭唱」はイザヤの言葉を借りて、やはり、喜びなさい、というものでした。そして、「答唱詩編」の中にも、シオンよ、神に向かって喜びの声を上げなさい、と……。
　今日の福音の中で、神から遣わされた天使が、マリアに最初に言った言葉は、今の新共同訳の聖書では「おめでとう」と書いてあります。けれども、ここはフランシスコ会訳聖書の方が正しい、「喜びなさい」と。マリアに天使が最初に言った言葉は、「喜びなさい」だった。あなたは選ばれたのだ、と……。
　そして、私たちは今日もマリア様をほめたたえるときは、やはり、喜びを感じます。一人の人間が完全に神の恵みに応えることができました、完全に……。マリア様は自由をもって、完全な自由をもって、神に応えることができたのです。これは人類の誇りです。もちろんのこと、これはイエス様が人として十字架の死を通してなさったことでした。イエス様は真の人と真の神の子として応えることができたのです。けれども、マリア様はただの人間として神の恵みに応えることができま

54

した……。

　マリア様はその恵みをただでいただきました。恵まれた方……、無原罪のことを考えるとき、私たちはまず教会と共に神の恵みの豊かさを考えます。天使は「恵まれた方。主があなたと共におられる」と言われました。マリア様は自由をもって、「わたしは主のはしためです。お言葉どおり、この身に成りますように」と答えます。

　マリアのすべての恵みはいただいたもので、自分の功徳によって多くの恵みをいただいたとは思っていませんでした。エリサベトを訪問したときのマリア様の賛歌には、"身分の低いわたしに、神は偉大なわざをなさいました"とあります（ルカ1・46-55 参照）。わたしの心は喜びおどる……、そして、マリア様の恵みは私たちに及んでいます。

　今日の第二朗読、「エフェソの教会への手紙」をもう一度読んでみてください。これはマリア様の恵みのようなものにだいぶ似ているでしょう。「わたしたちの主イエス・キリストの父である神は、ほめたたえられますように。神は、わたしたちをキリストにおいて、天のあらゆる霊的な祝福で満たしてくださいました。天地創造の前に、神はわたしたちを愛して、御自分の前で聖なる者、汚れのない者にしようと、キリストにおいてお選びになりました。イエス・キリストによって神の子にしようと、御心のままに前もってお定めになったのです」と。まあ、ずっと終わりまで読んでみてください。

　私たちは、前もって神に愛されて、神が自分の子にするために選ばれたこと、自分の尊さを考えて、心は喜びおどる……。私たちの内に神は偉大な業をなさいました。これに忠実であるために、私たちにはマリア様の模範が与えられています。マリア様の信仰、マリア様の従順、マリア様の謙遜……、私たちの模範になっています。

　私たちはイエス様の十字架のとき、「マリア様の子」になりました。いつも母マリアにお願いして、私たちが、神からいただいた恵みを喜んで味わい、この恵みによって生きることができますように。キリストにおいて、キリストによって、キリストと共に……。

2015年7月12日　年間第15主日／B年
「イエスは十二人を遣わすことにされた」（マルコ6・7）

福音朗読　マルコによる福音（マルコ6・7-13）
〔そのときイエスは〕十二人を呼び寄せ、二人ずつ組にして遣わすことにされた。その際、汚れた霊に対する権能を授け、旅には杖一本のほか何も持たず、パンも、袋も、ま

た帯の中に金も持たず、ただ履物は履くように、そして「下着は二枚着てはならない」と命じられた。また、こうも言われた。「どこでも、ある家に入ったら、その土地から旅立つときまで、その家にとどまりなさい。しかし、あなたがたを迎え入れず、あなたがたに耳を傾けようともしない所があったら、そこを出て行くとき、彼らへの証しとして足の裏の埃を払い落としなさい」。十二人は出かけて行って、悔い改めさせるために宣教した。そして、多くの悪霊を追い出し、油を塗って多くの病人をいやした。

　今日の第一朗読に出てくる預言者アモスは、今日の福音の準備として、とてもふさわしい人だな、と思っています。アモスは祭司から与えられた権利によって話す人ではなく、ユダの国の人で、北イスラエルの国に行って活動しました。その頃、北イスラエルはとても豊かな国でしたが、アモスは、"今のままだったら、あなたがたは滅びる"と言って、政治や宗教的・社会的堕落を厳しく批判したのです。それで祭司たちは、アモスに、「ユダの国へ帰れ、ここで預言してはならない」と命じたのです。そのときアモスは、「わたしは預言者ではない。家畜を飼う人だ。神から呼ばれて、行って預言せよと言われたから来たのだ」と答えます。

　また、アモスは回心を強く呼びかけた人でした。例えば、今日の箇所ではないけれども、「弱いものを金で、貧しい者を靴一足の値で買い取ろう。また、くず麦を売ろう」と思っている人たちに、"貧しい人に対する憐れみ"を求めていました。回心しなさいと言っていたのです（アモス8・6参照）。

　イエスも祭司から任命されたのではなくて、ナザレという小さな村の大工でした。そして、イエスは、エルサレムの祭司長や長老たちから、「何の権威で、このようなことをしているのか。だれが、そうする権威を与えたのか」（マルコ11・28）と言われたのでした。

　イエスの最後の審判のたとえ話を思い出します。「お前たちは、わたしが飢えていたときに食べさせず、のどが渇いたときに飲ませず、旅をしていたときに宿を貸さず、裸のときに着せず、病気のとき、牢にいたときに、訪ねてくれなかった」（マタイ25・42-43）と……。人に対する心が裁かれています。

　今日の福音は、先週の福音の続きです。イエスは、生まれ故郷のナザレに行って教え始めましたが、受け入れられませんでした。それで、イエスは付近の村を巡り歩いてお教えになっていたのです。今日の福音の場面は、弟子たちを宣教にお遣わしになるところです。彼らはこれより前にイエスに選ばれたのでした。それは、ご自分のそばに置くため、また、派遣して宣教させ、悪霊を追い出す権能を持たせるためだったのです（マルコ3・13-15参照）。

　弟子たちが選ばれたのは、遣わされるためでした。イエスの呼びかけの中には派遣が含まれているのです。私たちも呼ばれて洗礼を受けてから、堅信も受けたで

しょう。呼ばれることと遣わされることは切り離せないことです。私たちもイエスに遣わされています。

今日の福音から四つのことを考えさせられます。一つは、宣教するときは言葉と行いは切り離せないということです。イエスは弟子たちを遣わすにあたり、悪霊を追い出す権能を与えました。悪霊を追い出す、病を治す、これらも宣教の大切な要素です。

ところで、現代社会において、悪霊とは何でしょうか。教皇フランシスコは言っています。難民に対する排他的な心、人と人との隔たりを大きくする貧富の格差……、これらも悪霊である、と。言うだけではなく、悪霊を追い出す、その行いが大切です。自分の力を超える問題だと思うかも知れませんが、私たちも聖霊の力をいただいて、福音に従う正しい価値観を持つことから始まるのではないでしょうか。

そして二つめには、宣教はお金に頼ってはならないということです。何も持たずに、希望・喜び・平和を人々に与えなさいということです。

三つめには、宣教する人は受け入れられないこともある、それを覚悟しなければならないということです。洗礼者ヨハネも、イエスも受け入れられなかった。ヨハネの福音に「言は、自分の民のところに来たが、民は受け入れなかった」（ヨハネ1・11）とあります。

四つめは、今日の福音の最後に出ています。「十二人は出かけて行って、悔い改めさせるために宣教した」と……。マルコの福音によれば、洗礼者ヨハネも悔い改めの洗礼を授けたし（マルコ1・4）、イエスも宣教を始めるとき、「時は満ち、神の国は近づいた。悔い改めて福音を信じなさい」（マルコ1・15）と言われました。つまり、御国に入るためには「回心」しなければならないということです。「回心」ということは、世の価値観から福音の価値観に変わっていくことです。洗礼は回心を条件にしています。

さて、今日から「エフェソの教会への手紙」を読み始めます。七週間の間、神の御計画について教える、この素晴らしい手紙を読んでいきます。今日読まれた個所も、家に戻りましたら、もう一度読み直してみてください。そして、「イエス・キリストによって」、「キリストにおいて」、「キリストのもとに」のような言葉が何回出てきているか、数えてみてください。私たちがどれほどイエスと一致しているかがよく分かります。私たちはイエスの内に神から選ばれました。私たちはイエスの内に神の子となりました。すべて、イエスによって、イエスと共に、イエスの内に……。聖霊という言葉も出てきます。

今日のこのミサの間、イエスと結ばれて、聖霊に満たされて、自分が置かれている環境の中で、自分の喜び、自分の希望、自分の平和を周りの人に伝えることが出来ますように祈りたいと思います。

2015年12月25日　主の降誕（夜半のミサ）／C年
「今日、あなたがたのために、救い主がお生まれになった」（ルカ2・11）

福音朗読　ルカによる福音（ルカ2・1-14）

　そのころ、皇帝アウグストゥスから全領土の住民に、登録をせよとの勅令が出た。これは、キリニウスがシリア州の総督であったときに行われた最初の住民登録である。人々は皆、登録するためにおのおの自分の町へ旅立った。ヨセフもダビデの家に属し、その血筋であったので、ガリラヤの町ナザレから、ユダヤのベツレヘムというダビデの町へ上って行った。身ごもっていた、いいなずけのマリアと一緒に登録するためである。ところが、彼らがベツレヘムにいるうちに、マリアは月が満ちて、初めての子を産み、布にくるんで飼い葉桶に寝かせた。宿屋には彼らの泊まる場所がなかったからである。

　その地方で羊飼いたちが野宿をしながら、夜通し羊の群れの番をしていた。すると、主の天使が近づき、主の栄光が周りを照らしたので、彼らは非常に恐れた。天使は言った。「恐れるな。わたしは、民全体に与えられる大きな喜びを告げる。あなたがたは、布にくるまって飼い葉桶の中に寝ている乳飲み子を見つけるであろう。これがあなたがたへのしるしである」。すると、突然、この天使に天の大軍が加わり、神を賛美して言った。

　「いと高きところには栄光、神にあれ、地には平和、御心に適う人にあれ」。

　皆さん、イエス・キリストの御降誕、おめでとうございます。私たちがここに集まって来たのは、人類の歴史の中心を祝うためです。今年の降誕祭は「いつくしみの特別聖年」の降誕祭です。イエスの御降誕を、神の最高のいつくしみの業として祝いましょう。この特別聖年は、神のいつくしみを私たちがずっと考えていくこと、そして、それに倣って生きようとしていくことを願って制定されました。

　神のいつくしみの最高の業は、「神が人となった」ことです。神は私たちを愛して、私たちをお創りになってくださった……。私たちはそれによって神の子となるはずでした。けれどもその資格を失った人類はどうだったでしょうか。神は資格を失った人間に、もう一度新たにご自分の命を与えるために、御子をこの世にお遣わしになったのです。私たちを救うために、神はご自分が「人」になるとお決めになりました。

　宇宙万物をお創りになった全能の神が「人間になる」と決められた。今日、私たちはそれを感謝して祝っています。神の御独り子は「人」となって、私たちのすべてを、赤ん坊のときから死に至るまで、しかも十字架の死に至るまで、人間のすべてを体験なさいました。御子が「人」となったのは、ご自分の内に私たちを神の子とするためでした。私たちはそのことによって救われました。「神は、その独り子をお与えになったほどに、世を愛された。独り子を信じる者が一人も滅びない

で、永遠の命を得るためである」（ヨハネ3・16）。ミサの間、叙唱のとき、こう歌っています。「聖なる父、全能永遠の神、いつどこでも主・キリストによって賛美と感謝をささげることは、まことにとうとい大切な務めです」と。しかし、今夜こそ、賛美と感謝を捧げることが大切ではないでしょうか。

　人間の救いのために、神が人となったことを考えることは根本的なことです。ただ、私たちは、神が「人」となられたときにお選びになった事情を、じっくり考える必要があります。イエスはどういう場所で産まれたか……。お選びになった場所は、きらびやかな宮殿ではなく、貧しい馬小屋でした。マリア様は子を産んだ喜びで満たされていて、産んだ場所は気にされていなかったと私は思います。しかし、それによって神はご自分に至る道を私たちに教えてくださったのでしょう。

　また、そのとき天使に招かれた者は、君主、祭司などの権力者ではありませんでした。社会で下に見られている者——貧しい羊飼いたちが呼ばれたのです。そして天使は神の御子・メシアを見つける救いのしるしを彼らに与えました。それは飼い葉桶に寝ている乳飲み子……。飼い葉桶に寝ている赤ちゃんだったら、誰でも——一番貧しい人でも、恐れずに近寄ることができるのです。「人」になった全能永遠の神の最初の姿は、このように弱い者でした。

　教皇フランシスコは、消費社会の中にある教会が、貧しい人々のことを優先的に考えるようにと繰り返し、繰り返し、言っています。仕えられるためでなく、仕えるために来られたイエス様のように、教会は謙遜に人に仕えることによって宣教ができるのです。

　今日の福音では、もう一つのことが言われています。それは、彼らのための場所が無かったということです。世の中に「神の場」があるだろうかと考えることは大切なことですが、私たち一人ひとりが自分の日々の生活の中で「神の場」を作っているだろうかと考えることも必要です。"神が私たちの心の戸を敲いている。人がそのドアを開けると、喜んで入って一緒に食事をする" と記されています、聖書に……（ヨハネの黙示録3・20参照）。

　マリア様が馬小屋で子を産んだことを考えて、今、フランシスコ教皇の言葉を思い出しています。教皇様は、「難民に場所を与えることは、イエス様に場を与えることだ」と言っています。今、難民のキャンプでどの位の女の人が、自分の子をひどい状態のもとで産んでいることでしょうか……。クリスマス・シーズンに、私たちの助けを待っている人々のことを考えるのは当然のことでしょう。

　神の子が私たち人間の歴史の中に入って来たことによって歴史の意味を教えてくださいました。私たちはどこから来たのか、そしてどこへ行くのか……。イエスの誕生と死、そして復活によって、私たちはそれを教えられています。私たちは生きている間、何を目指すべきでしょうか。それは「特別聖年」のモットーにあるよう

に、「あなたがたもいつくしみ深い者になりなさい」と。これはイエスが私たちに
願っていることです。

2016年2月10日　灰の水曜日／Ｃ年
「隠れたところにおられるあなたの父に祈りなさい」(マタイ6・6)

福音朗読　マタイによる福音（マタイ6・1-6、16-18）
〔そのときイエスは弟子たちに言われた〕「見てもらおうとして、人の前で善行をしな
いように注意しなさい。さもないと、あなたがたの天の父のもとで報いをいただけない
ことになる。

　だから、あなたは施しをするときには、偽善者たちが人からほめられようと会堂や街
角でするように、自分の前でラッパを吹き鳴らしてはならない。はっきりあなたがたに
言っておく。彼らは既に報いを受けている。施しをするときは、右の手のすることを左
の手に知らせてはならない。あなたの施しを人目につかせないためである。そうすれば、
隠れたことを見ておられる父が、あなたに報いてくださる。

　祈るときにも、あなたがたは偽善者のようであってはならない。偽善者たちは、人に見
てもらおうと、会堂や大通りの角に立って祈りたがる。はっきり言っておく。彼らは既
に報いを受けている。だから、あなたが祈るときは、奥まった自分の部屋に入って戸を
閉め、隠れたところにおられるあなたの父に祈りなさい。そうすれば、隠れたことを見
ておられるあなたの父が報いてくださる」。

　今日から四旬節に入ります。四旬節は神の最高の愛を示すイエスの死と復活に、
篤い信仰をもって与るための準備期間です。私たちは御復活への巡礼を始めるので
す。洗礼志願者は初めてこの入信の秘跡を受けますが、既にこの秘跡を受けている
私たちは、イエスの死と復活に、これまで以上によく与るために心を新たにする期
間です。四旬節については今度の日曜日にお話しいたしますが、今日は皆さんと一
緒に、灰を受けるときに言われる言葉、「回心して福音を信じなさい」という言葉
について少し考えてみたいと思います。

　「回心して福音を信じなさい」。

　良い知らせを信じなさい。神はいつくしみ深く、神の憐れみは永遠です。神は愛
をもってお創りになった人類を愛し続けています。人間が罪を犯したときでも、神
は人間をお呼びになっています。ヨハネは言っています、「神は、その独り子をお
与えになったほどに、世を愛された。独り子を信じる者が一人も滅びないで、永遠
の命を得るためである。神が御子を世に遣わされたのは、世を裁くためではなく、

御子によって世が救われるためである」（ヨハネ 3・16-17）と。

御父は私たちを一人ひとり愛してくださいます。どういう過去があったにしても、私たち一人ひとりを呼んでくださいます。私たちはその愛に応えたい……。

神は、放蕩息子のたとえ話に言われているように、帰って来る罪びとを抱いて接吻してくださいます（ルカ 15・11-24 参照）。「この福音を信じなさい。あなたは愛されていることを信じなさい」と、私たちは今日言われています。

イエス・キリストも私たちを愛して、人となって、私たちのためにご自分を御父に献げてくださいました。福音書には、「友のために自分の命を捨てること、これ以上に大きな愛はない」（ヨハネ 15・13）、また、「これは、あなたがたのために与えられるわたしの体である」（ルカ 22・19）とあります。イエスは私たちのために命を捨ててくださいました。愛しているからです。それを信じなさいと、今日、言われています。

そして、「わたしはあなたがたを僕とは呼ばない。……わたしはあなたがたを友と呼ぶ」（ヨハネ 15・15）とあります。私たちはイエス・キリストの友なのです。このことを信じなさい、と。良い牧者であるイエスは、失われた子羊を見つけるまで捜してくださり、見つけたら、喜びをもって肩に乗せて帰ってくださいます（ルカ 15・4-7 参照）。「この福音を信じなさい」と、私たちは言われています。

「回心して福音を信じなさい」。

福音を信じて、御父と御子の愛に応えるために、私たちは聖霊を信じて回心しなければなりません。「回心」は、自分の心を神へ、兄弟へと向けることです。「仕えられるためではなく、仕えるために来た」イエス（マタイ 20・27-28 参照）のように、「善いサマリア人」（ルカ 10・25-37 参照）になりなさい、と。また「裸の人に着る物を、飢えている人にパンを」与えなさい（マタイ 25・31-40 参照）、「あなたがたの父が憐れみ深いように、あなたがたも憐れみ深い者となりなさい」（ルカ 6・36）、回心しなさい、と言われているのです。

復活に向かって進んで行く私たちは、四旬節の間、真の喜びを持つことができるように準備しています。福音——よい知らせ、喜びの知らせ——を信じなさいと、今日、言われています。そして、絶えず祈りなさいということも言われています。「御国が来ますように」、「わたしたちの罪をおゆるしください。私たちも人をゆるします」……。

今年は「いつくしみの特別聖年」です。神のいつくしみをいただいて、このいつくしみを多くの人と分かち合いたいと思います。特に、聖なる三日間の、よい準備をしようではありませんか。そのために、回心して福音を信じましょう。

2016年7月10日　年間第15主日／C年
「御子は、見えない神の姿であり、すべてのものが造られる前に生まれた方です」
（コロサイ1・15）

福音朗読　ルカによる福音（ルカ10・25-37）
〔そのとき〕ある律法の専門家が立ち上がり、イエスを試そうとして言った。「先生、何をしたら、永遠の命を受け継ぐことができるでしょうか」。イエスが「律法には何と書いてあるか。あなたはそれをどう読んでいるか」と言われると、彼は答えた。

「『心を尽くし、精神を尽くし、力を尽くし、思いを尽くして、あなたの神である主を愛しなさい、また、隣人を自分のように愛しなさい』とあります」。イエスは言われた、「正しい答えだ。それを実行しなさい。そうすれば命が得られる」。しかし、彼は自分を正当化しようとして、「では、わたしの隣人とはだれですか」と言った。イエスはお答えになった。「ある人がエルサレムからエリコへ下って行く途中、追いはぎに襲われた。追いはぎはその人の服をはぎ取り、殴りつけ、半殺しにしたまま立ち去った。

ある祭司がたまたまその道を下って来たが、その人を見ると、道の向こう側を通って行った。同じように、レビ人もその場所にやって来たが、その人を見ると、道の向こう側を通って行った」。

ところが、旅をしていたあるサマリア人は、そばに来ると、その人を見て憐れに思い、近寄って傷に油とぶどう酒を注ぎ、包帯をして、自分のろばに乗せ、宿屋に連れて行って介抱した。そして、翌日になると、デナリオン銀貨二枚を取り出し、宿屋の主人に渡して言った。『この人を介抱してください。費用がもっとかかったら、帰りがけに払います』。さて、あなたはこの三人の中で、だれが追いはぎに襲われた人の隣人になったと思うか」。律法の専門家は言った。「その人を助けた人です」。そこで、イエスは言われた。「行って、あなたも同じようにしなさい」。

　この「善いサマリア人」のたとえ話はあまりにも知られていますので、その教えは私たちの心を刺激しないかもしれません。けれども、現代社会の私たちにとっては、大変革命的な教えです。

　今、民族と民族は憎しみ合い、宗教も他の宗教と憎しみ合い、戦争をしています。このようなニュースが毎日のように私たちの目を襲ってきます。つい最近、フランシスコ教皇がアルメニアを訪問されたとき、百年前に行われた民族虐殺のことを、私たちは忘れてはならないと、20世紀に行われた六つの民族虐殺は人間の恥であり、恐ろしい罪であったと言っていました。このことを考えると、今日のたとえ話は革命的であると言えます。

　今日の福音でまず教えていることは、苦しむ人の近くにいられない人は神にも近

くなれない、ということです。祭司とレビ人は、律法の掟を守るために、神に忠実でありたいと思って、追いはぎに襲われて半死半生で倒れている人——死んでいるかも知れないこの人に近寄ることはしませんでした。死んでいる人に触れると自分の身が汚れると思っていたからです。この人たちは、半殺しにされて道に倒れていた人を見て、道の向こう側に避けて行って、知らん顔をしました。考えてみると、こういうことは私たちの社会でもたびたびあるのではないでしょうか。苦しんでいる人を見て見ぬふりをしていることが……。

　このたとえ話は、もう一つ、大切なことを教えています。それは、"隣人に対する愛に限りはあり得ない"ということです。「半殺しに」されて倒れている人はユダヤ人です。彼を助けた人はサマリア人です。この時代、ユダヤ人たちはサマリア人たちを軽蔑して侮辱していたのですが、このサマリア人は自分の民族を軽蔑している人に近寄って助けた……。民族の壁は、宗教の壁は、このサマリア人にとっては無かったのです。彼は、自分の民族を軽蔑・侮辱する人に恨みを抱かずに、目の前の苦しんでいる人を「見て憐れに思い、近寄って」助けたのです。神に近寄ったのです……。

　イエスの教えが思い出されます。すなわち、「敵を愛し、あなたがたを憎む者に親切にしなさい」（ルカ6・27）。そして、「自分を愛してくれる人を愛したところで、あなたがたにどんな恵みがあろうか。罪びとでも、愛してくれる人を愛している」（ルカ6・32）と……。

　今日の福音で、もう一つの言葉に注目しましょう。それは、「わたしの隣人とはだれですか」という律法学者の質問です。すなわち、彼は隣人に対する愛の制限を求めているのです。誰が隣人で、誰が隣人ではないかと訊いているのです。自分を中心にして、自分の隣人とは、家族、同じ宗教の人、同じ国の人……、どこまでを隣人と考えるべきか、と。隣人を、心を尽くして愛しているけれども、しかし、隣人でないと思う人に対する心はどうでしょうか。

　それに対して、イエスの質問はまったく違います。「だれが追いはぎに襲われた人の隣人になったと思うか」と訊いています。中心は自分ではないのです。イエスが中心にしているのは、半死半生で倒れている人、自分の助けを必要としている人です。この人が「わたしの隣人」なのだ、と。倒れている人の隣人になりなさいと言っています。

　私たちの現代社会のためにこのたとえ話は革命的です。私たちは、毎日、新聞やテレビなどの報道で、人が人を殺している、神の名によって人を殺す人もいるということを知らされています……。

　イエスはいつもナインのやもめのような弱い人、そして病気の人を心に掛けていました。十字架につけられたときでさえ、御父にお祈りをしていました。「父よ、

彼らをお赦しください。自分が何をしているのか知らないのです」（ルカ 23・34）と。イエスは「いつくしみ」そのものです。今日の第二朗読「コロサイの教会への手紙」の中で、パウロは、「御子は、見えない神の姿で」あると述べています。イエスは、御父がいつくしみ深い神であると教えるために人となったのです。

　今年はいつくしみの特別聖年ですから、このたとえ話を読んだとき、やはり、「いつくしみの特別聖年」のモットーを思い出しました。「御父のようにいつくしみ深く」。

2016年11月20日　王であるキリスト／C年
「わたしたちは、この御子によって、贖い、すなわち罪の赦しを得ているのです」
（コロサイ 1・14）

　福音朗読　ルカによる福音（ルカ 23・35-43）
〔そのとき議員たちはイエスを〕あざ笑って言った。「他人を救ったのだ。もし神からのメシアで、選ばれた者なら、自分を救うがよい」。兵士たちもイエスに近寄り、酸いぶどう酒を突きつけながら侮辱して、言った。「お前がユダヤ人の王なら、自分を救ってみろ」。イエスの頭の上には、「これはユダヤ人の王」と書いた札も掲げてあった。

　十字架にかけられていた犯罪人の一人が、イエスをののしった。「お前はメシアではないか。自分自身と我々を救ってみろ」。すると、もう一人の方がたしなめた。「お前は神をも恐れないのか、同じ刑罰を受けているのに。我々は、自分のやったことの報いを受けているのだから、当然だ。しかし、この方は何も悪いことをしていない」。そして、「イエスよ、あなたの御国においでになるときには、わたしを思い出してください」と言った。するとイエスは、「はっきり言っておくが、あなたは今日わたしと一緒に楽園にいる」と言われた。

　今年、教会は王であるキリストをお祝いするために、十字架の場面を私たちに眺めさせています。これはいろいろなことを考えさせられますね。

　まず、キリストの王国は地上の王国と同じものだとは、絶対に考えられないということです。地上の王国の王は立派な宮殿に住んでいて、立派な王座に座っていますが、イエスの王座は十字架です。地上の王は立派な服を着ていますが、イエスは裸です。地上の王は金の冠をかぶっていますが、イエスがかぶっているのは、茨の冠です。そして地上の王のそばには王の機嫌を取ろうとする人たちがいるけれども、イエスの周りには、イエスを侮辱する人、あざ笑う人、ののしる人たちがいるばかりです。

けれども、信仰を持っている私たちは、この十字架の内にイエスの愛の力を読み取ることができます。そして、私たちの所にイエスを遣わしてくださった御父のいつくしみも読み取ることができます。

　今日の福音は、「いつくしみの特別聖年」の最後の日にふさわしい場面です。そこには神の愛があります。"神は御子をこの世にお遣わしになるほどにこの世を愛されました"（ヨハネ3・16-17参照）と、また、「わたしを見た者は、父を見たのだ」（ヨハネ14・9）と、イエスはおっしゃっています。

　十字架の上にいるイエスを見ると、真の神の姿が見えてくるはずです。普通の人は、神は力のある神であり、いつも、善い者に報いて悪い者を裁き、地獄に落とすという、近寄りがたい神であると考えますが、信仰をもって十字架を見ると、そういう神ではないということが分かります。神の愛は力です。神は、失われているものをイエスによって救うために来たのだと分かります。

　イエスは宣教をしていたとき、自分が王であるとは言いませんでした。パンを増やしたとき、人々はイエスを王にしようとしましたが、イエスは山に逃げて、一晩中、御父に祈っていました。一度だけ、王であると言われて、それを拒まなかったことがありました。それは、イエスがエルサレムに入るとき、迎えに出た群衆が、「ホザンナ。主の名によって来られる方に、祝福があるように、イスラエルの王に」（ヨハネ12・13）と叫んだときでした。王として来られる方は神のものです。そのとき、イエスはロバの子に乗って入りました。ロバは戦争に使える動物ではありません。

　ピラトはイエスが王であると言っていますが、それはユダヤ人をあざ笑うためでした。そのためにピラトは十字架の上に、「ユダヤ人の王、ナザレのイエス」という札を付けました。祭司長たち、兵隊たち、そして犯罪人の一人もイエスを侮辱しました。けれども、そのとき、奇跡がありました。別のもう一人の犯罪人は、十字架の上で間もなく死んでいくこのイエスが真の王であると分かったのです。この犯罪人は、「イエスよ、あなたの御国においでになるときには、わたしを思い出してください」とお願いしています。祭司や律法学者たちが理解することができなかったことを、聖霊の恵みによってこの犯罪人は分かったのでした。イエスはこのとき、自分が王であることをはっきりと示しました。「あなたは今日わたしと一緒に楽園にいる」とお答えになったのです。

　イエスは失われたものを救うために来ました。この犯罪人は十字架につけられたイエスを、"イエス"という名前で呼んでいます。「イエスよ」と……。私たちも死ぬとき、この言葉を最後の言葉にしたいと思います。いよいよ死ぬとなったとき、「イエスよ」と言うことが出来たらと思います。

　イエスの十字架を見ると、神に対する考え方がまったく違ってきます。神の支配

とはどういうものなのかということです。神の国の武器は愛です。私たちもこの神の国に属しています。私たちは愛されています。私たちもイエスと共に生きています……。

今日の第二朗読、聖パウロの言葉を思い出してみましょう。「御父は、わたしたちを闇の力から救い出して、その愛する御子の支配下に移してくださいました」……。

私たちは、その愛、喜び、平和、命の国に属しています。多くの人がそれを分かち合って、その恵みも与えられて、御父のいつくしみを味わい、平和、喜びの内に生きることが出来ますように、このミサの中で祈りたいと思います。

2017年4月15日　復活の聖なる徹夜祭（聖土曜日）／A年
「イエスは復活し、あなたがたより先にガリラヤに行かれる」（マタイ28・7）

福音朗読　マタイによる福音（マタイ28・1-10）

さて、安息日が終わって、週の初めの日の明け方に、マグダラのマリアともう一人のマリアが、墓を見に行った。すると、大きな地震が起こった。主の天使が天から降って近寄り、石をわきへ転がし、その上に座ったのである。その姿は稲妻のように輝き、衣は雪のように白かった。番兵たちは、恐ろしさのあまり震え上がり、死人のようになった。天使は婦人たちに言った。「恐れることはない。十字架につけられたイエスを捜しているのだろうが、あの方は、ここにはおられない。かねて言われていたとおり、復活なさったのだ。さあ、遺体の置いてあった場所を見なさい。それから、急いで行って弟子たちにこう告げなさい。『あの方は死者の中から復活された。そして、あなたがたより先にガリラヤに行かれる。そこでお目にかかれる』確かに、あなたがたに伝えました。」

婦人たちは、恐れながらも大いに喜び、急いで墓を立ち去り、弟子たちに知らせるために走って行った。すると、イエスが行く手に立っていて、「おはよう」と言われたので、婦人たちは近寄り、イエスの足を抱き、その前にひれ伏した。イエスは言われた。

「恐れることはない。行って、わたしの兄弟たちにガリラヤへ行くように言いなさい。そこでわたしに会うことになる」。

皆さん、主イエス・キリストのご復活、おめでとうございます。

今日、私たちは、キリストの死からの復活を祝っています。神の愛は人々に拒まれました。イエスは十字架につけられ、人々は、イエスはもう終わりだ、と思っていました。しかし、墓はイエスの終わりの場ではなかったのです。イエスは死者の中から復活されました。いつくしみ深い御父は、キリストと私たちを愛して、死と

悪に打ち勝ったキリストを、再び光と命の源として私たちにお与えになりました。私たちは洗礼のときから、キリストの永遠の命に与っています。

　世の暗闇は恐ろしい……、真理の光を消そうとします。幸せを金銭だけで得られると主張しています。人、特に高齢の人と子供をだましている……、誰を信じていいのか分からなくなります。世は死を武器にしています。隣人は危険で、敵なので殺すべきだと言い、「愛し合いなさい」と教えるのではなく、「殺しなさい」と、少年にまで教えます。

　私たちはこの徹夜祭の初めに「火」を祝福しました。「火」は人間の文化の始まりです。「火」の使用は人間の特徴でもあります。すべては「火」から始まったように、すべてのことはキリストから始まるのです。ですから、キリストは、「わたしは世の光である。わたしに従う者は暗闇の中を歩かず、命の光を持つ」（ヨハネ8・12）と言っています。

　キリストの復活によって私たちは永遠の光、永遠の真理、永遠の命に与るようになりました。イエスは生きておられる……。これから弟子たちを通して、御父からいただいた使命を果たすために生きておられるのです。私たちはキリストの光を受けて、光の子となって、イエスと一緒に人々の中に遣わされるのです。

　今日の福音の中で、二つのことを興味深く感じました。一つは、イエスが復活したという知らせを主の天使から受けたのは、ペトロと弟子たちではなく、勇気と愛のあった婦人たちだったことです。復活なさった主を最初に見たこの婦人たちは、キリストに会うためガリラヤに行くようにと、弟子たちに伝えるように言われました。イエスの復活を、最初に人に伝えたのは使徒たちではなかったのです。

　もう一つは、復活されたイエスは、弟子たちを「わたしの兄弟たち」と呼んでいることです。これは福音の中で初めてのことです。最後の晩餐のときに、イエスは弟子たちに、"もう、あなたがたを僕とは呼ばない。友と呼ぶ"と言っていました（ヨハネ15・15参照）。しかし、ここでは、「兄弟」と……。

　婦人たちは使徒たちに、希望を持って再び歩み始められるように力を与えました。私たちも再び勇気と喜びを持って歩み始めましょう。私たちも復活したイエスに結ばれていて、イエスの内に私たちも神の子となっています。「眠りについている者、起きよ。死者の中から立ち上がれ。そうすれば、キリストはあなたを照らされる」（エフェソ5・14）と、私たちは、今日、言われているのではないでしょうか。

　これから3人の兄弟姉妹が、洗礼を受けて、キリストに結ばれて完全に神の子となります。イエスの兄弟となるのです。そして同時に、私たちの兄弟にもなるのです。

　また、堅信を受けて、キリストによって、世の闇の中に光の子として遣わされる力を受けます。いつもイエスから離れないように、キリストの御体と御血をいただ

きます。私たちも、自分の洗礼、堅信を思い起こし、いつもキリストの御体と御血に強められて、生きる力を頂けることを心から感謝いたしましょう。私たちは御父、御子、聖霊の愛を受けて生き、兄弟姉妹からの支えに励まされて、感謝と喜びの内に「アレルヤ」を歌いたいのです。

2017年6月18日　キリストの聖体／Ａ年
「パンは一つだから、私たちは大勢でも一つの身体です」（Ⅰコリント 10・17）

福音朗読　ヨハネによる福音（ヨハネ 6・51-58）
〔そのとき、イエスはユダヤ人たちに言われた〕「わたしは、天から降って来た生きたパンである。このパンを食べるならば、その人は永遠に生きる。わたしが与えるパンとは、世を生かすためのわたしの肉のことである」。
　それで、ユダヤ人たちは、「どうしてこの人は自分の肉を我々に食べさせることができるのか」と、互いに激しく議論し始めた。イエスは言われた。「はっきり言っておく。人の子の肉を食べ、その血を飲まなければ、あなたたちの内に命はない。わたしの肉を食べ、わたしの血を飲む者は、永遠の命を得、わたしはその人を終わりの日に復活させる。わたしの肉はまことの食べ物、わたしの血はまことの飲み物だからである。わたしの肉を食べ、わたしの血を飲む者は、いつもわたしの内におり、わたしもまたいつもその人の内にいる。生きておられる父がわたしをお遣わしになり、またわたしが父によって生きるように、わたしを食べる者もわたしによって生きる。これは天から降って来たパンである。先祖が食べたのに死んでしまったようなものとは違う。このパンを食べる者は永遠に生きる」。

　今日私たちは、毎日曜日のように、主イエスの食卓を囲んで、イエス・キリストの言葉を聴き、イエス・キリストの御体をいただいています。私たちのために十字架によって神に献げられた主の御体をいただくとき、私たちはキリストの心を少し考えてみる必要があると思います。
　キリストの心……、御父に対する愛に満たされているキリストの御心。最後の晩餐のときに、イエスは弟子たちに言いました。「わたしが父を愛し、父がお命じになったとおりに行なっていることを、世は知るべきである。さあ、立て。ここから出かけよう」（ヨハネ 14・31）と。そしてイエスは十字架の所に上って行きます。イエス・キリストの、御父に対する愛に私たちは与っています、御聖体をいただくとき……。
　もう一つは、私たちに対するイエスの愛を考えることも当然です。イエスは言っ

ています。「わたしは良い羊飼いである。良い羊飼いは羊のために命を捨てる」（ヨハネ 10・11）。そして、「父がわたしを愛されたように、わたしもあなたがたを愛してきた。わたしの愛にとどまりなさい」（ヨハネ 15・9）と。

　私たちが御聖体をいただくときは、物をいただくのではないのです。御自分の命を与えるほどに私たちを愛してくださるイエスをいただいています。イエスの愛に、イエスの御父に対する愛と兄弟に対する愛に与っているのです。私たちがイエスの御体をいただくとき、自分の小さい愛はイエスの愛に清められ、強められます。ほんとうの愛の出会いになっているのです。

　イエスとの一致は、御聖体をいただくときの、15分位の間のことだけではありません。「わたしの肉を食べ、わたしの血を飲む者は、いつもわたしの内におり、わたしもまたいつもその人の内にいる」と、イエスは約束してくださいました。私たちの内にいつも、いつまでもいてくださるのです……。

　また、今日聴いた聖パウロの言葉も思い出すべきです。「わたしたちが神を賛美する賛美の杯は、キリストの血にあずかることではないか。わたしたちが裂くパンは、キリストの体にあずかることではないか。パンは一つだから、わたしたちは大勢でも一つの体です。皆が一つのパンを分けて食べるからです」。御聖体をいただくとき、私たちは本当に、兄弟姉妹に仕える心を持つことが出来るでしょうか。

　イエスと兄弟になると、イエスのすべての弟子たちとも兄弟になるのです。「洗礼を受けてキリストに結ばれたあなたがたは皆、……ユダヤ人もギリシア人もなく、奴隷も自由な身分の者もなく、男も女もありません。あなたがたは皆、キリスト・イエスにおいて一つだからです」（ガラテヤ 3・27-28）。

　今日は御聖体の恵みに心から感謝する日です。そして、それと同時に、反省する必要もあるのではないでしょうか。どの位、私たちはイエスの御聖体に飢えを感じているでしょうか……。兄弟姉妹と共にイエスの食卓を囲むとき、兄弟姉妹を赦し、仕える心を強めてくださるようにと、どれ位イエスに祈っているでしょうか……。子供たちに、御聖体に対する信仰をどれだけ伝えていますか……。

　また、御聖体をいただくのは、私たち信徒の権利と義務ではないでしょうか。元気な人は、毎週、御聖体をいただけるのに、病気になった人はどうでしょうか……。病気になったとき、私たちが司祭に、「御聖体をいただきたいのです」ということを、もっともっと簡単に言うことが出来たらなあと思っています。

　最後に、いろいろな用事で教会に来たときに、ちょっと御聖堂に入って、聖櫃の中で御聖体の秘跡の内におられるイエスに、親しい微笑みの挨拶をしたらどうでしょうか。聖体訪問です。

　以上のことは、司牧者としての私の反省でもあります。皆さんと一緒に、この一つのパンを分かち合うとき、私は皆さんにもっともっと仕えたいと思います。

これからのミサで御聖体をいただくとき、イエスの愛に飛び込んでいくときです。またその恵みは一時的なものではなく、主イエスはいつも世の終わりまで共にいてくださいます。

今日のこのミサの間、私たちはこの素晴らしい恵みに、今こそ、神に感謝しましょう。

2017年6月23日　イエスのみ心／A年
「私は柔和で謙遜な者である」（マタイ11・29）

福音朗読　マタイによる福音（マタイ11・25-30）

そのとき、イエスはこう言われた。「天地の主である父よ、あなたをほめたたえます。これらのことを知恵ある者や賢い者には隠して、幼子のような者にお示しになりました。そうです、父よ、これは御心に適うことでした。すべてのことは、父からわたしに任せられています。父のほかに子を知る者はなく、子と、子が示そうと思う者のほかには、父を知る者はいません。疲れた者、重荷を負う者は、だれでもわたしのもとに来なさい。休ませてあげよう。わたしは柔和で謙遜な者だから、わたしの軛を負い、わたしに学びなさい。そうすれば、あなたがたは安らぎを得られる。わたしの軛は負いやすく、わたしの荷は軽いからである」。

最も重要な第一の掟は、「心を尽くして神を愛すること」であり、これと同じように重要な第二の掟は「隣人を自分のように愛すること」だと言われています。けれども、これは信仰の出発点ではありません。信仰の出発点は、「自分は神に愛されている」と自覚することです。私はありのままで神に愛されている、と……。神はありのままの私たちを愛されています。「神は、その独り子をお与えになったほどに、世を愛された」と、ヨハネは福音の中で言っています（ヨハネ3・16）。ここに信仰の泉があるのです。

また、パウロは「ローマの信徒への手紙」の中で、「わたしたちすべてのために、その御子をさえ惜しまず死に渡された方は、御子と一緒にすべてのものをわたしたちに賜らないはずがありましょうか」（ローマ8・32）と、そのことを強調しています。

今日は、私たちに対する御父の愛、御子の愛、聖霊の愛に対して感謝する日です。この愛はイエスの内に完全に啓示されました。「わたしを見た者は、父を見たのだ」（ヨハネ14・9）とイエスはフィリポに言っています。

人々が、十字架につけられて胸を貫かれたイエスを見るときは、神の愛を見ると

き、御子の愛を見るときです。そして、私たちはこの愛をただで、無償でいただいているのです。私たちが善い人間だから神に愛されているのではありません。神に愛されているという恵みをいただいている、その恵みによって少しずつイエスの愛に応えることが出来るようになる、即ち、善い人になることが出来るのです。神の愛は私たちを清める愛、癒す愛です。私たちを生かす愛です。

　「わたしたちが神を愛したのではなく、神がわたしたちを愛して、わたしたちの罪を償ういけにえとして、御子をお遣わしになりました。ここに愛があります」（Ⅰヨハネ4・10）。

　この無限の愛に、私たちはどのように応えればいいのでしょうか……。それはまず、この愛を喜んで受ける、そして、その愛にとどまることです。「父がわたしを愛されたように、わたしもあなたがたを愛してきた。わたしの愛にとどまりなさい。わたしが父の掟を守り、その愛にとどまっているように、あなたがたも、わたしの掟を守るなら、わたしの愛にとどまっていることになる」（ヨハネ15・9-10）。これはイエスの私たちに対する願いでもあるのです。

　そして、兄弟姉妹を愛することです。これもまた、ヨハネの第一の手紙にあります。「愛する者たち、神がこのようにわたしたちを愛されたのですから、わたしたちも互いに愛し合うべきです」（Ⅰヨハネ4・11）。このレトリックは面白いと思います。

　神が私たちにこういうふうにしたのだから、私たちも互いにそのようにするべきである……。神の愛は私たちの心の中に、兄弟姉妹に対する愛を生み出すのです。兄弟姉妹を愛するなら、私たちの内に神の愛は全うされています。神の愛を全うするために、私たちは完全な愛によって生きることが大切なのです。

　私たちは、イエスのみ心を考えるとき、罪びとに対するイエスの愛について考えるでしょう。その罪びとの中に自分自身を見ることは当然です。けれども、今日、私たちは、神の愛を受けて神の愛にとどまることが出来るように祈りながら、やはり、その愛を忘れてしまった兄弟姉妹のためにも祈りたいと思います。

　自分たちが突き刺してしまった者を見ながら、私たちのために砕かれたそのみ心、いつくしみと愛にあふれるイエスのみ心に、自分と兄弟姉妹を委ねたいと思います。

2017年6月29日　聖ペトロ　聖パウロ使徒／Ａ年
「あなたはペトロ。わたしはあなたに天の国の鍵を授ける」（マタイ16・18-19）

福音朗読　マタイによる福音（マタイ16・13-19）

　イエスは、フィリポ・カイサリア地方に行ったとき、弟子たちに、「人々は、人の子のことを何者だと言っているか」とお尋ねになった。弟子たちは言った。「『洗礼者ヨハネ

だ』と言う人も、『エリヤだ』と言う人もいます。ほかに、『エレミヤだ』とか、『預言者の一人だ』と言う人もいます」。イエスが言われた。「それでは、あなたがたはわたしを何者だと言うのか」。シモン・ペトロが、「あなたはメシア、生ける神の子です」と答えた。

　すると、イエスはお答えになった。「シモン・バルヨナ。あなたは幸いだ。あなたにこのことを現したのは、人間ではなく、わたしの天の父なのだ。わたしも言っておく。あなたはペトロ。わたしはこの岩の上にわたしの教会を建てる。陰府の力もこれに対抗できない。わたしはあなたに天の国の鍵を授ける。あなたが地上でつなぐことは、天上でもつながれる。あなたが地上で解くことは、天上でも解かれる」。

　聖ペトロと聖パウロ、この二人は大変違う性格の人でした。けれども、二人は一緒に教会の土台となっています。彼らの優れた働きは、彼らの力ではなく、彼らの弱さの内にある神の力でした。この二人の生涯を考えると、このことが良く分かります。

　ペトロはイエスに呼ばれたとき、「主よ、わたしから離れてください。わたしは罪深い者なのです」と言っていました（ルカ5・8）。また、湖の上を歩いたときは、最初は自分の力で歩けると思っていたかも知れませんけれども、途中で沈みかけたとき、彼は「主よ、助けてください」と叫んでしまって、「信仰の薄い者よ、なぜ疑ったのか」と、イエスに言われています（マタイ14・30-31参照）。

　ペトロのこの弱さが出てきたのは、イエスの受難のときでした。イエスがユダの裏切りから逮捕されたとき、事の成り行きを見るために、大祭司の家の中庭に入り込んで座っていたペトロは、女中にイエスとの関係を訊かれて、「そんな人は知らない」と強く否定しました。怖さから、自分がキリストの弟子であると言えなくなっていたのです。

　パウロは教会をひどく迫害していた人でした。熱心なユダヤ教徒で、ファリサイ派の一員でした。彼は、イエスとその弟子たちが、ユダヤ教の民にとって、危険な存在であると固く信じていましたので、キリスト教徒を迫害していたのです（使徒言行録7・54-8・3参照）。

　けれども、そんなパウロも、神の力によって変わりました。神の力で回心したのです（使徒言行録9・1-19、22・6-16、26・12-18参照）。パウロが神から言われた言葉、「わたしの恵みはあなたに十分である。力は弱さの中でこそ十分に発揮されるのだ」、そして、「わたしは弱いときにこそ強いからである」……。

　このことを考えるとき、私たちもたびたび、弱い者であると認めなければならないでしょう。けれども、そのときこそ、パウロが神から言われた言葉、「わたしの恵みはあなたに十分である」を思い出すべきなのです。どういう問題があっても、神がそばにいてくださるからです。

また、今日の福音で、ペトロにイエス様がおっしゃった言葉も思い出しています。「わたしはこの岩の上にわたしの教会を建てる。陰府の力もこれに対抗できない」……。

　今、いろいろな国で宣教することは、やはり難しくなってきましたので、私たちの未来について心配していることがあるかも知れません。ある国では迫害が続いていて、先進国では新しい文化が次々と押し寄せてきている……。こういう世にあって、どのように宣教するべきか、ということを、私たちはまだ分かっていないのが現状です。

　今、私は、若者がキリストの素晴らしさをどのようにして知ることが出来るかなあと思っています。けれども、今日の福音にある通り、どんなに難しいときが来ても、陰府の力も教会に対抗できない……、必ず神の力によって、教会は私たちを良いところに導いてくださると信じています。

　そして、パウロはその手紙の中で、「十字架の言葉は、滅んでいく者にとっては愚かなものですが、わたしたち救われる者には神の力です」（Ⅰコリント1・18）と言っています。

　今日、希望を持って、この二つの言葉を心に受け止めたいと思います。

2017年10月22日　年間第29主日／A年
「皇帝のものは皇帝に、神のものは神に返しなさい」（マタイ22・21）

福音朗読　マタイによる福音（マタイ22・15-21）
〔そのとき〕ファリサイ派の人々は出て行って、どのようにしてイエスの言葉じりをとらえて、罠にかけようかと相談した。そして、その弟子たちをヘロデ派の人々と一緒にイエスのところに遣わして尋ねさせた。「先生、わたしたちは、あなたが真実な方で、真理に基づいて神の道を教え、だれをもはばからない方であることを知っています。人々を分け隔てなさらないからです。ところで、どうお思いでしょうか、お教えください。皇帝に税金を納めるのは、律法に適っているでしょうか、適っていないでしょうか」。イエスは彼らの悪意に気づいて言われた。「偽善者たち、なぜ、わたしを試そうとするのか。税金に納めるお金を見せなさい」。彼らがデナリオン銀貨を持って来ると、イエスは、「これは、だれの肖像と銘か」と言われた。彼らは、「皇帝のものです」と言った。すると、イエスは言われた。「では、皇帝のものは皇帝に、神のものは神に返しなさい」。

　ファリサイ派の人たちとヘロデ派の人たちの仲はとても悪かったのです。たとえば、税金については、ファリサイ派の人はローマ皇帝に税金を納めることに反対し

ていましたが、ヘロデ派の人々は納めるべきだと主張していたのです。

けれどもこのときは、イエスを"言葉の罠"に陥れるために手を結んでいました。彼らが考えたことは、イエスがどのように答えても、イエスを訴えることが出来るものでした。イエスが、税金を「納めるべきだ」と答えたなら、エルサレムの人々に、"イエスは律法を無視している。真のイスラエル人ではない"と言って、イエスから離れるように仕向けられます。また、「納めてはいけない」と答えたならば、今度は、ヘロデ派の人たちがローマ提督のところに行って、"イエスがローマ帝国に反抗している"と訴えることが出来るのです。

イエスはそんな彼らの心を見抜いて、税金を納めるためのデナリオン銀貨を出させて、"銀貨に刻まれているのは誰の肖像か"と聞きます。彼らは「皇帝のものです」と答えます。するとイエスは、「皇帝のものは皇帝に、神のものは神に返しなさい」と言われました。

これはどのように考えるべきでしょうか…。

二つの考え方があります。一つは、政治と宗教の問題です。教会は直接的には政治的な運動はしませんが、福音を告げ知らせることによって、政治の基礎になる真理を与えているのです。人の尊さ——母親の胎内にいるときからの尊さ、結婚の尊さ、また、安楽死についての教えなど……。けれどもそれだけではなくて、飢え死にする人がいる現実に対する疑問、移民に対する援助など、これらの問題は福音を教えることによって、当然、政治の在り方と強く関連してくるのです。人間はこれらの問題についてどのように考えるべきだろうか、と。もちろん、どのような問題でも、それは福音に立ち返って考えていくべきであるということです。

もう一つの解釈があります。イエスは、銀貨にある肖像は「皇帝のもの」だ、と彼らが答えたとき、「皇帝のものは皇帝に、神のものは神に返しなさい」と言われました。このイエスの答えは創世記の言葉に基づいています。肖像のことを言うと、その頃のユダヤ人たちはすぐに創世記の言葉を思い出すのが当たり前でした。それは、「神は言われた。『我々にかたどり、我々に似せて、人を造ろう』」（創世記1・26）、そして、「神は御自分にかたどって人を創造された」（創世記1・27）という言葉です。

税金について「皇帝のものは皇帝に」と彼らに答えてから、イエスは「神のものは神に返しなさい」と言います。この言葉はそのときの議論の大切な結論です。これはすなわち、"あなたたちの心の内には神の肖像が刻まれていますね。それは神に返すべきですよ"と言われたのでした。「人は神にかたどって造られた」（創世記9・6）のですから、言わば、人は神の肖像ですから、人はその肖像をいつも清めて、回心した自分を神に返さなければならないのです。

すべての罪は心の中にある神の肖像に傷をつけることです。イエスは、彼らを

「偽善者たち」と呼んでいます。それは、彼らの日常が神の教えとかけ離れた生活をしていたからです。彼らの日常は、心の中にある神の肖像を傷つけるものだったからです。福音記者マタイは、今日の福音のすぐ後に続けて書いています。「彼らはこれを聞いて驚き、イエスをその場に残して立ち去った」。

　私たちは神にかたどって造られました。心の内には神のイメージがあります。神は愛と自由に満ちた方です。私たちが利己心と傲慢の束縛から自由になって、愛することが出来ますように。イエスは御自分を信じた人たちに言われました。「わたしの言葉にとどまるならば、……あなたたちは真理を知り、真理はあなたたちを自由にする」（ヨハネ8・31-32）と。

　私たちは愛を行うために罪から解放され、自由にならなければなりません。愛である神が御自分を私たちに与えてくださったように、神にかたどって造られた私たちも自分を人に与えることが出来ますように。

　今日は世界宣教の日です。洗礼を受けた私たちは皆、イエスに協力するように呼ばれています。宣教──福音の言葉を伝える宣教ですが、やはり言葉だけではなく、行動も伴っていなければならないでしょう。そして、"この人はやっぱりキリストを考えさせる人だなあ"と思ってもらえたらどんなに素晴らしいでしょう。私たちの行動や言葉によって、周りの人が、"あ、やっぱりこの人はどこか違うなあ"と考えさせることになると思います。

　このミサの間、自分の内にある神の肖像を強く出させるために、まず、"自分の心の中にはキリストが生きている"と、いつも考えることが出来ますように祈りたいと思います。

2017年12月25日　主の降誕（夜半のミサ）
「今日、あなたがたのために救い主がお生まれになった」（ルカ2・11）

福音朗読　ルカによる福音（ルカ2・1-14）
　そのころ、皇帝アウグストゥスから全領土の住民に、登録をせよとの勅令が出た。これは、キリニウスがシリア州の総督であったときに行われた最初の住民登録である。
　人々は皆、登録するためにおのおの自分の町へ旅立った。ヨセフもダビデの家に属しその血筋であったので、ガリラヤの町ナザレから、ユダヤのベツレヘムというダビデの町へ上って行った。身ごもっていた、いいなずけのマリアと一緒に登録するためである。
　ところが、彼らがベツレヘムにいるうちに、マリアは月が満ちて、初めての子を産み、布にくるんで飼い葉桶に寝かせた。宿屋には彼らの泊まる場所がなかったからである。
　その地方で羊飼いたちが野宿をしながら、夜通し羊の群れの番をしていた。すると、主

の天使が近づき、主の栄光が周りを照らしたので、彼らは非常に恐れた。天使は言った。「恐れるな。わたしは、民全体に与えられる大きな喜びを告げる。今日ダビデの町で、あなたがたのために救い主がお生まれになった。この方こそ主メシアである。あなたがたは、布にくるまって飼い葉桶の中に寝ている乳飲み子を見つけるであろう。これがあなたがたへのしるしである。」すると、突然、この天使に天の大軍が加わり、神を賛美して言った。

「いと高きところには栄光、神にあれ、地には平和、御心に適う人にあれ」。

　ご降誕祭、おめでとうございます。今日の福音は皆さんにとてもよく知られていると思います。小さいときから馬小屋の前でお祈りしていましたし、毎年毎年、これを聞いてなじんでもいますので、今日は、自分のための言葉があるだろうかと思っているかも知れません。

　今日、私たちは羊飼いの一人として招かれて、マリアとヨゼフのところにいる乳飲み子に会いに行きます。羊飼いの目で見ると新しいことが見えるかも知れません。

　羊飼いたちは何も期待していませんでした。大切にしていたのは自分の飼っている羊の群れでした。けれども、突然、天使が現れて、「恐れるな。わたしは、民全体に与えられる大きな喜びを告げる。今日ダビデの町で、あなたがたのために救い主がお生まれになった。この方こそ主メシアである」と告げられたのです。あなたがたのために……、つまり私たちのために、ここにいる皆さん一人ひとりのために、救い主がお生まれになった……。私たちのために、神が人となってくださった。そして、その方は「救い主」と呼ばれます。私たちは、何から、何のために救われるのでしょうか……。

　私たちはともすれば縛られがちな利己的な心から救われるのです。神のいつくしみによって生きるためです。私たちが利己的な心から愛の心に変わっていくことが、私たちの救いなのです。利己的な心は戦争を起こし、家庭を壊し、人の心を破壊してしまいます。今日、テレビのニュースで知りましたが、25歳の青年が自分の両親を刀で刺して、父親は亡くなり、母親は危険な状態だと……。利己主義は人の心を破壊し、麻痺させてしまいます。

　先週、教皇フランシスコは、上智大学の学生たちとスカイプで対話なさったときに、教育の目的は競争に勝つ力を与えることではなく、人に奉仕することを学ばせることだ、と話していました。この世には利己的な心からもたらされるいろいろな事象が蔓延していますが、救いは、利己的な心は教育によって、愛する心に変えることが出来る、ということです。

　天使は羊飼いたちに、その「救い主」を見つけるための徴を与えました。その徴とは、馬小屋の「飼い葉桶の中に寝ている乳飲み子」でした。宿屋には彼らのため

の場所が無かったから──相部屋では子を産むにはふさわしくなかったから、プライバシーのある所に行ったのです。しかもここは貧しい羊飼いたちが簡単に入って来られる所でした。

　全能の神が人となるとき、馬小屋の飼い葉桶の中に寝ている……、私たちはこの場面をよく心に収めておかなければなりません。この貧しさが神の徴なのですから。神のなさり方には本当に驚きます。

　この世に、神の場はどこにあるのでしょうか。イエスには、マリア様の優しい心に、大工ヨセフの胼胝のある手の中に、その温かい場がありました。この世で神の居場所を見つけようとするなら、探す場所を間違わないようにしなければなりません。神は貧しい人たちの中に、移民の中に、ホームレスの人たちの中にいるのです。イエスは、マリアとヨセフのような心を持っている人たちの所に来てくださるのです。私たちも愛と感謝の心をもって、イエスを迎えたいと思います。

　神の御子が人となられたことは、私たちの喜びになるだけではなく、天の国でも、天使に天の大群が加わって大いに喜び、神を賛美しました。この御子の誕生によって、天には神の栄光が輝いて、地には人が神の平和に包まれます。この喜び、この平和を私たちは分かち合わないではいられません。

　今日のミサの間、優しい心で、謙遜な心でイエスを迎えたいと思います。「神は、その独り子をお与えになったほどに、世を愛された。独り子を信じる者が一人も滅びないで、永遠の命を得るためである」（ヨハネ3・16）。御父のみ計画が実現し始めるのです。

　私たちの父よ、御子を与えてくださったことに感謝いたします。キリストよ、私たち人間の一人となってくださったことに感謝いたします。マリアとヨセフよ、神のみ計画に協力してくださったことに感謝いたします。私たちも馬小屋の前で感謝の心で一杯です。

　これから喜びと平和に満たされて、いつくしみの心をもって、感謝の祭儀を続けましょう。もう一度、あらためまして、ご降誕祭、おめでとうございます。

2018年1月7日　主の公現
「わたしたちは東方から王を拝みに来た」（マタイ2・2）

福音朗読　マタイによる福音（マタイ2・1-12）
　イエスは、ヘロデ王のとき代にユダヤのベツレヘムでお生まれになった。そのとき、占星術の学者たちが東の方からエルサレムに来て、言った。「ユダヤ人の王としてお生まれになった方は、どこにおられますか。わたしたちは東方でその方の星を見たので、拝

みに来たのです」。これを聞いて、ヘロデ王は不安を抱いた。エルサレムの人々も皆、同様であった。王は民の祭司長たちや律法学者たちを皆集めてメシアはどこに生まれることになっているのかと問いただした。彼らは言った。「ユダヤのベツレヘムです。預言者がこう書いています。

『ユダの地、ベツレヘムよ、お前はユダの指導者たちの中で決していちばん小さいものではない。お前から指導者が現れ、わたしの民イスラエルの牧者となるからである』」。

そこで、ヘロデは占星術の学者たちをひそかに呼び寄せ、星の現れた時期を確かめた。そして、「行って、その子のことを詳しく調べ、見つかったら知らせてくれ。わたしも行って拝もう」と言ってベツレヘムへ送り出した。彼らが王の言葉を聞いて出かけると、東方で見た星が先立って進み、ついに幼子のいる場所の上に止まった。学者たちはその星を見て喜びにあふれた。家に入ってみると、幼子は母マリアと共におられた。彼らはひれ伏して幼子を拝み、宝の箱を開けて、黄金、乳香、没薬を贈り物として献げた。

ところが「ヘロデのところへ帰るな」と夢でお告げがあったので、別の道を通って自分の国へ帰って行った。

ヘロデ王の時代に、ユダヤのベツレヘムの町で生まれたこの普通の家族の子供は、イスラエルの王として生まれただけではなく、全世界の救い主であるということが、今日の福音で言われています。宣教地の国々のいちばん大切な祭日かも知れません。

異邦人が呼ばれています。私たちがこの聖書を読む時、ローマ人への手紙、コリント人への手紙、コロサイ人への手紙、テサロニケ人への手紙などは全部、異邦人の国の信者たちにあてたものでした。この人たちは皆、イエスの救いを信じたのです。

さて、この話の中で占星術の学者たちは、自分の国の文化と宗教の知恵の光に導かれてエルサレムまで来ました。やはり、神はすべての宗教においても働いてくださっているのですね。けれども、イエスを見つけるためには啓示が必要でした。彼らがその啓示を受けたのは聖書からでした。自分の国の文化の力と聖書の光の力で、イエスを見つけることが出来たのです。ここに聖書を読むことの大切さが言われています。

彼らが探していたのは、王の家で生まれた王子でした。しかし、見つけたのは普通の家族の、普通の幼子でした。それでも彼らは、この子は自分たちが探していた子で、イスラエルの王だと信じて礼拝しました。そして、持っていたものをすべて献げたのです。

それから占星術の学者たちは、別の道を通って帰りました。このことはやはり、イエスに出会ったらこれまで歩んできた道ではなく、新しい道を歩むようになることを暗示しています。

律法学者や祭司長たちは聖書を持っていました。ですから、イスラエルの王がどこで生まれるかを、彼らはよく知っていました。教えることもできました。けれども、一人も動きませんでした。　聖書を持っていても、読んで理解していても、実行しないのなら聖書は何の役にも立ちません。彼らはイスラエルにメシアが生まれることをあまり期待していなかったようです。イエスの言葉を思い出します。「『主よ、主よ』と言う者が皆、天の国に入るわけではない。わたしの天の父の御心を行う者だけが入るのである」（マタイ7・21）。

　ヘロデ王もイエスを探し始めましたが、それはイエスについて行くためではなく、自分の王座を守るためにイエスを殺そうとしたのです。占星術の学者たちはイエスの誕生で喜びに溢れましたが、ヘロデ王はこの誕生に不安を抱いて、この赤ん坊を恐れました。探していたのは殺すためでした。今でも世界で殉教者はとても多いのです。たとえば、メキシコではこの10年間で30人ほどの司祭や修道女、信者が殺されました。キリストを恐れる者たちによって……。

　私たちは異邦人の一人です。そしてイエスに呼ばれました、キリストを見つけることが出来ました。その喜びを持っています。けれども、キリストに出会えたのだから、もう大丈夫だ、安心だと思ってはいないでしょうか。もしそうなら大変危険です。ほんとうにキリストのことが分かるためには一生かかると言ってもいいのですから。

　今日、私たちはどういうふうにこの福音を聞いていますか。　いつもイエスを探し求め続けていますか。今までに受けた光を神の言葉である聖書によってますます輝かせていますか……。イエスと共に生きることは私たちの喜び、キリストを信じることが出来て良かったと告げていますか。イエスを多くの人が見つけるために、周りの人の光になりたいと思っていますか……。

　キリストの弟子になったのは、ユダヤ人は多くなかったが、異邦人が多く招かれることになりました。これはマタイの福音書によって知ることが出来ます。異邦人の礼拝から福音が始まるし、異邦人のためにイエスは癒しの奇跡を行ったし、十字架につけられたイエスが「神の子である」と信じたのは異邦人の百人隊長でした。福音の最後の言葉は「わたしは天と地の一切の権能を授かっている。だから、あなたがたは行って、すべての民をわたしの弟子にしなさい。……。わたしは世の終わりまで、いつもあなたがたと共にいる」（マタイ28・18-20）でした。

　今日は宣教地の教会のクリスマスです。ご降誕祭の完成です。生まれた幼子は全世界の救い主です。神の愛が日本の多くの人に知らされますように。私たちが世の光になりますように祈りましょう。

2018年3月11日　四旬節第4主日／B年
「モーセが荒れ野で蛇を上げたように、人の子も上げられねばならない」（ヨハネ3・14）

福音朗読　ヨハネによる福音（ヨハネ3・14-21）

〔そのとき、イエスはニコデモに言われた〕「モーセが荒れ野で蛇を上げたように、人のも上げられねばならない。それは、信じる者が皆、人の子によって永遠の命を得るためである。神は、その独り子をお与えになったほどに、世を愛された。独り子を信じる者が一人も滅びないで、永遠の命を得るためである。神が御子を世に遣わされたのは、世を裁くためではなく、御子によって世が救われるためである。御子を信じる者は裁かれない。信じない者は既に裁かれている。神の独り子の名を信じていないからである。光が世に来たのに、人々はその行いが悪いので、光よりも闇の方を好んだ。それが、もう裁きになっている。悪を行う者は皆、光を憎み、その行いが明るみに出されるのを恐れて、光の方に来ないからである。しかし、真理を行う者は光の方に来る。その行いが神に導かれてなされたということが、明らかになるために」。

　今日、四旬節の第4主日は、四旬節の真ん中で、イエスのご復活が見えてくるときなので「喜びの主日」と呼ばれています。今日の入祭唱にも「喜べ」という言葉が使われています。けれども、この「喜び」は、神のいつくしみへの喜びなのですから、「神のいつくしみの主日」と呼ぶことも出来るのです。

　今日、朗読された聖書の三つの箇所は、それぞれに神の愛を、神のいつくしみを教えています。まず、第一朗読の歴代誌には、選ばれた民が神を忘れて悪い生活をするようになったので、神は何回も何回も預言者を遣わされましたが、民は彼らの導きをいつも拒みました。それで、神は民に考えさせるために、この民を追放の地に行かせました。しかし、70年後、神は彼らをいつくしんで、再びイスラエルの地に帰しました。これは神の憐れみの現れでした。

　しかし神の愛がはっきりと現れるのは、第二朗読のエフェソの教会への手紙と、ヨハネの福音書の中です。

　エフェソの教会への手紙には神の愛が何回も言われています。「憐れみ豊かな神は、わたしたちをこの上なく愛してくださり、その愛によって、……わたしたち」を生かしてくださいました、また、「わたしたちにお示しになった慈しみにより、その限りなく豊かな恵みを、来たるべき世に現そうとされたのです」と。

　そして、もう一つ大切なことが繰り返し言われています。それは、この神の愛はキリストによって与えられるということです。皆さん、自宅に戻ったら、もう一度読み返してみてください。そして、神の愛がキリストによって与えられているとい

う言葉が何回出てくるか数えてみてください。「キリストによって、キリストと共に、キリストにおいて、キリストの内に」……。キリストは神から私たちへの道であり、私たちから神への唯一の道であることをよく味わうことが出来ます。この四旬節の間、私たちはキリストを通して神の恵みをいただいているのです。

　ヨハネも神の愛を教えてくれます。皆さんは福音のこの言葉を暗記しているでしょう。「神は、その独り子をお与えになったほどに、世を愛された。独り子を信じる者が一人も滅びないで、永遠の命を得るためである。神が御子を世に遣わされたのは、世を裁くためではなく、御子によって世が救われるためである」。この言葉も、神の豊かな愛は、キリストによって私たちに与えられていることを教えています。御父は御子を与えることによって、ご自分をも与えてくださるのです。

　イエスの十字架は私たちに対する御父と御子の愛を完全に現しています。それを示すためにヨハネはモーセのときの話を持ってきます。

　イスラエルの民は砂漠の横断のとき、苦しさのあまり、神とモーセに逆らったのです。神に逆らった彼らを罰するために、神は毒蛇を彼らのところに送りました。その蛇にかまれた人は皆死んでしまいました。民のために神に祈ったモーセは神に言われました。「あなたは炎の蛇を造り、旗竿の先に掲げよ。蛇にかまれた者がそれを見上げれば、命を得る」（民数記21・8）と 。

　今日の福音で、イエスは、「モーセが荒れ野で蛇を上げたように、人の子も上げられねばならない」と言っています。すなわち、十字架に上げられた自分を見る者は救われると言っているのです。ヨハネは十字架上でイエスが亡くなってから、そのことを考えていたに違いありません。「彼らは、自分たちの突き刺した者を見る」とも言っています（ヨハネ19・37）。パウロも同じことを言っています。「わたしはあなたがたの間で、イエス・キリスト、それも十字架につけられたキリスト以外、何も知るまいと心に決めていた」（Ⅰコリント2・2）。

　御父は十字架につけられたイエスを「主」とされました。キリストは復活されました。御父は御子の死を愛の内に受け、ご自分の右の座をお与えになりました（使徒言行録2・32-33、36）。

　私たちはこれから聖週間を迎えます。金曜日（30日）にはキリストの十字架を礼拝します。キリストの勝利です。そして、日曜日（4月1日）には復活祭があります。このご復活が無ければ、十字架は意味が無いのです。ご復活は十字架の上で亡くなられた人の復活です。ミサはキリストの十字架と復活の記念です。

2018年6月24日　洗礼者ヨハネの誕生／B年
「この子には主の力が及んでいた」（ルカ1・66）

福音朗読　ルカによる福音（ルカ1・57-66、80）

　さて、月が満ちて、エリサベトは男の子を産んだ。近所の人々や親類は、主がエリサベトを大いに慈しまれたと聞いて喜び合った。八日目に、その子に割礼を施すために来た人々は、父の名を取ってザカリアと名付けようとした。ところが、母は、「いいえ、名はヨハネとしなければなりません」と言った。

　しかし人々は、「あなたの親類には、そういう名の付いた人はだれもいない」と言い、父親に、「この子に何と名を付けたいか」と手振りで尋ねた。父親は字を書く板を出させて、「この子の名はヨハネ」と書いたので、人々は皆驚いた。すると、たちまちザカリアは口が開き、舌がほどけ、神を賛美し始めた。近所の人々は皆恐れを感じた。そして、このことすべてが、ユダヤの山里中で話題になった。聞いた人々は皆これを心に留め、「いったい、この子はどんな人になるのだろうか」と言った。この子には主の力が及んでいたのである。

　幼子は身も心も健やかに育ち、イスラエルの人々の前に現れるまで荒れ野にいた。

　今日、イエスの誕生の6か月前に、洗礼者ヨハネの誕生を祝います。ほかの聖人たちの祝いの日は彼らの亡くなった日、すなわち天国に入った日です。しかし、イエスとヨハネの誕生を祝うのは、二人が救いの歴史の中で大きな使命を果たしたからです。もちろん、彼らの使命は大変に違っています。ヨハネは旧約時代と新約時代を結ぶ人で、イエスの準備をするために来ました。イエスは救いを与えるために来たのです。

　二人の使命が大きく違っていることは、彼らの誕生のとき、天使に言われています。ヨハネの使命は準備することでした。父のザカリアは、「彼はエリヤの霊と力で主に先立って行き（中略）、準備のできた民を主のために用意する」と言われました（ルカ1・17）。

　イエスの使命は救いの完成です。イエスの誕生の予告のとき、マリア様は、「その子は偉大な人になり、いと高き方の子と言われる。神である主は、彼に父ダビデの王座をくださる。彼は永遠にヤコブの家を治め、その支配は終わることがない」と言われました（ルカ1・32-33）。

　洗礼者ヨハネはそのことを謙遜と喜びをもって認めています。「わたしはあなたたちに水で洗礼を授けるが、わたしよりも優れた方が来られる。わたしは、その方の履物のひもを解く値打ちもない。その方は、聖霊と火であなたたちに洗礼をお授けになる」（ルカ3・16）。

イエスは、恐らくしばらくの間、洗礼者ヨハネの弟子だったのではないでしょうか。少なくとも、イエスは洗礼者ヨハネから洗礼を受けることを望んでいました。けれども、イエスは、自分自身のメッセージを伝えなければならないと思ったので、ヨハネから離れました。そのとき、ヨハネの弟子だったアンデレともう一人の弟子も連れて行きましたが、洗礼者ヨハネは彼らを引き留めませんでした（ヨハネ1・35-42参照）。

　イエスとヨハネは違うことを重んじていたようです。洗礼者ヨハネは神の裁きを避けるために人々に回心を勧めていました。「斧は既に木の根元に置かれている。良い実を結ばない木はみな切り倒されて火に投げ込まれる」（マタイ3・10）。その教えは神の裁きが中心でした。

　けれども、イエスはヨハネと同じように「回心しなさい」と言いますが、それは、神の国に入るために回心するようにと教えたのです。「悔い改めよ。天の国は近づいた」（マタイ4・17）。

　イエスの話を聞く人が多くなってきたので、ヨハネの弟子が心配してそのことを伝えたとき、ヨハネは弟子に答えて言いました。「わたしは、『自分はメシアではない』と言い、『自分はあの方の前に遣わされた者だ』と言ったが、そのことについては、あなたたち自身が証ししてくれる。（中略）あの方は栄え、わたしは衰えねばならない」（ヨハネ3・28-30）と。

　ヨハネは、権力者ヘロデ王の罪をはっきりと指摘したので、牢に入れられました。その牢の中で、イエスのなさったこと、言われたこと――神の裁きよりも、御父の慈しみを強調していたこと――を聞いたヨハネは、「自分の弟子たちを送って、尋ねさせた。『来るべき方は、あなたでしょうか。それとも、ほかの方を待たなければなりませんか』」（マタイ11・2-3）と。

　この問いにイエスはイザヤの預言をもって答えましたので、聖書に詳しいヨハネは納得したに違いないと思います。この後、洗礼者ヨハネは殉教されたのでした。

　さて、今日、洗礼者ヨハネの誕生と生涯を考えた私たちは、彼を模範にすべきではないでしょうか。私たちも、皆例外なく、イエスの準備のために遣わされています。ヨハネは「母親の胎内にいるときから聖霊に満たされて」いた、つまり、神から選ばれたとあります（ルカ1・13-17参照）。私たちも生まれるときから神に選ばれ、神に呼びかけられているのです。それに気が付くときが必ずあります。福音を伝えるとき、ヨハネのように、自分自身を伝えることがないようにいつも気を付けなければなりません。自分が中心ではなく、キリストだけが中心です。

　また、洗礼者ヨハネは司祭や両親、教師の模範です。ヨハネは、「あの方は栄え、わたしは衰えねばならない」と言っていますが、人を導くときは自分が小さくなって弟子が栄えるように教育しなければなりません。いつか弟子が一人で歩けるよう

に、自分が必要でなくなるようにしなければならないのです。

　そして、イエスが真のメシアであるかどうか、ヨハネが確かめたように、私たちも自分の伝えるイエスが、はたして福音のイエスであるかどうか、いつも反省する必要があります。

　このミサの間、私たちが洗礼者ヨハネのように、謙遜と勇気をもって、自分たちに与えられた使命を果たすことができるように祈りたいと思います。

　洗礼者ヨハネのように、いつでも、どこでも、キリストを知らせる知恵、謙遜、勇気が与えられますように。

2018年10月21日　年間第29主日／B年
「ひとの子は、多くの人の身代金として自分の命を献げるために来た」（マルコ10・45）

福音朗読　マルコによる福音（マルコ 10・35-45）
〔そのとき〕ゼベダイの子ヤコブとヨハネが進み出て、イエスに言った。「先生、お願いすることをかなえていただきたいのですが」。イエスが、「何をしてほしいのか」と言われると、二人は言った。「栄光をお受けになるとき、わたしどもの一人をあなたの右に、もう一人を左に座らせてください」。イエスは言われた。「あなたがたは、自分が何を願っているか、分かっていない。このわたしが飲む杯を飲み、このわたしが受ける洗礼を受けることができるか」。彼らが、「できます」と言うと、イエスは言われた。「確かに、あなたがたはわたしが飲む杯を飲み わたしが受ける洗礼を受けることになる。しかし、わたしの右や左にだれが座るかは、わたしの決めることではない。それは、定められた人々に許されるのだ」。ほかの十人の者はこれを聞いて、ヤコブとヨハネのことで腹を立て始めた。

　そこで、イエスは一同を呼び寄せて言われた。「あなたがたも知っているように、異邦人の間では、支配者と見なされている人々が民を支配し、偉い人たちが権力を振るっている。しかし、あなたがたの間では、そうではない。あなたがたの中で偉くなりたい者は、皆に仕える者になり、いちばん上になりたい者は、すべての人の僕になりなさい。

　人の子は仕えられるためではなく仕えるために、また、多くの人の身代金として自分の命を献げるために来たのである」。

　今日の福音の出来事は、イエスが弟子たちに、自分は神の民の指導者たちに排斥されて殺されると、三回目の予告をした後の出来事です。起こるべき受難についての予告が三回目であっても、弟子たちはそれを理解できず、受け入れられませんで

した。

　ヤコブとヨハネは、イエスによって始められる天の国の栄光に与りたい、また、その支配力にも与りたいとイエスに願っています。イエスは彼らに、栄光を受けるために、まずご自分の死に与らなければならないと答えました。ここでは「わたしが飲む杯」という言葉が使われているのですが、イエスの時代には「杯を飲む」という言葉は、試練を体験し耐え忍ぶという意味で使われます。イエスはゲツセマネの庭で御父にお祈りしたでしょう。"あなたは何でもおできになる。この杯をわたしから取りのけてください。けれども、わたしの望みではなく、あなたの御心のままにしてください"と（マルコ 14・36 参照）。

　また、洗礼者ヨハネのときから洗礼は盛んになっていきますが、洗礼のときは体全体を水の中に入れるので、そのままでは呼吸できませんから、「死ぬ」ということです。そして、水から出て、また生きる……。つまり、「洗礼を受ける」ことは、一度死んで復活すること——復活の前には死が必要である、ということです。

　彼らは殉教者のような死を考えていたかも知れませんが、「できます」と答えました。けれども、イエスの十字架の死は彼らの思いとは違っていたのです。それで、イエスが十字架につけられたとき、この二人も逃げてしまいました。まだ聖霊を受けていなかったからです。

　栄光に与りたいとイエスに願ったこの二人に対して、他の弟子たちは腹を立て始めました。「そこでイエスは一同を呼び寄せて言われた」とあります。「弟子を呼び寄せる」という言葉が出てくるとき、私たちは特に気を付けなければなりません。イエスがこれから大切なことを言われるという意味だからです。そして、彼らに言われたことは私たちにも言われていることになるからです。

　イエスはどのようなことをおっしゃりたいのでしょうか……。それは、教会は社会の政治団体と同じように、また世界の政治的指導者たちと同じように、考えたりやったりしてはいけないということです。"社会では、上の人たちは人々を支配し、権力を振るっているが、あなたがたの間ではそうではない"、即ち、そうであってはいけないという戒めです。教会のルールは奉仕です。相手を選ばずに相手に仕えることです。

　キリストの始める天の国のルールは「愛」です。即ち、「仕える」こと——人のために生きる、人のために働くこと——です。「偉くなりたい者は、……すべての人の僕になりなさい」とイエスはおっしゃっています。これは私たちのルールであり、律法であるのです。

　また、イエスは御自分もそうしていると言われています。ご自分が来たことについて、神の子であるのに、「仕えられるためではなく仕えるために、また、多くの人の身代金として自分の命を献げるために来た」のだと言われました。僕としての

奉仕は死に至るまで続くのです。弟子の歩むべき道は、イエスが歩んできた道しかありません。

　ここで「多くの人の身代金」という言葉をよく理解しなければなりません。ときどき、この言葉は次のように解釈されます。神に対する人間の罪は、人間の力だけでは償いきれないほど大きかったので、イエスがその代わりに神が要求される罰を受けたのである、と。即ち、イエスの十字架の死は必要な償いであったという間違った解釈です。これは大きな間違いです。

　「神は、その独り子をお与えになるほどに、世を愛された」（ヨハネ3・16）とあるように、御父である神ご自身が、イエスを私たちに与えてくださいました。ですから、御父である神ご自身が、すべての人のためにその身代金を払ってくださったことが分かります。

　私たちはミサを捧げるとき、聖霊によってイエスの死に与ります。そして復活したキリストの命にも与ります。キリストと一つになり、聖霊はこの死を御父の命に至らせるのです。

　今日のこのミサの間、私たちはお互いに助け合うだけではなく、周りのすべての人に仕える心が与えられますようにと祈りたいと思います。今日、人に仕えることができる恵みを願いましょう。

2018年11月4日　年間第31主日／B年
「あなたの神である主を愛しなさい。隣人を愛しなさい」（マルコ12・30、31）

福音朗読　マルコによる福音（マルコ12・28b-34）
〔そのとき、一人の律法学者が進み出て、イエスに尋ねた〕「あらゆる掟のうちで、どれが第一でしょうか」。イエスはお答えになった。「第一の掟は、これである。『イスラエルよ、聞け、わたしたちの神である主は、唯一の主である。心を尽くし、精神を尽くし、思いを尽くして、あなたの神である主を愛しなさい』。第二の掟は、これである。『隣人を自分のように愛しなさい』。この二つにまさる掟はほかにない」。律法学者はイエスに言った。「先生、おっしゃるとおりです。『神は唯一である。ほかに神はない』とおっしゃったのは、本当です。そして、『心を尽くし、知恵を尽くし、力を尽くして神を愛し、また隣人を自分のように愛する』ということは、どんな焼き尽くす献げ物やいけにえよりも優れています」。イエスは律法学者が適切な答えをしたのを見て、「あなたは、神の国から遠くない」と言われた。もはや、あえて質問する者はなかった。

　イエスは、エルサレムにお入りになって、神殿で商売をしていた人たちを追い

出した後に、祭司長、律法学者、長老たちから、ますます激しく攻撃を受けます。「何の権威で、このようなことをしているのか。だれが、そうする権威を与えたのか」（マルコ11・28）と、イエスを責めてきます。彼らは、“エルサレムには律法学者がたくさんいるのに、田舎のガリラヤから来たこの人が、いろいろなことを言ったり、教えたりしているのはけしからん”と思っていたのです。けれども、その中の一人の律法学者は、イエスが立派にお答えになったのを見て、真面目にイエスに質問しています。それは、「あらゆる掟のうちで、どれが第一でしょうか」というものでした。イエスの時代には、律法学者たちは、聖書の中に613もの掟を数えていました。彼らの間では、その大切な順番について議論されていたのです。

　イエスはこの掟の範囲内で答えるのではなく、モーセが教えた祈りをもって答えます。これは今日の第一朗読「申命記」にあったことです。第一の掟は「心を尽くして、唯一の神を愛することである」と言っています。

　けれども今日の福音で大切なことはこれからです。イエスは、あらゆる掟の中で第一のものはどれかと、一つしか聞かれていないのに二つの掟をお答えになりました。イエスはどうしても二つの掟をもって答えなければなりませんでした。この「第二の掟」は、聖書の別の書物、「レビ記」にあります。イエスは「隣人を自分のように愛しなさい」（レビ19・18参照）と付け加えます。“この二つの掟は同じように大切である。すなわち、神を愛することは隣人を愛することである”と言っているのです。この二つの掟は切り離すことはできないのです。この二つの掟は合わせて一つの掟になるのです。

　これはパウロもたびたび強調しています。「律法全体は、『隣人を自分のように愛しなさい』という一句によって全うされるからです」（ガラテヤ5・14）。また、「たとえ、山を動かすほどの完全な信仰を持っていようとも、愛がなければ、無に等しい」（Ⅰコリント13・2）と。天の国ではもはや信仰と希望は要りません。あるのは愛だけです。愛だけが永遠のものです。

　神を愛する方法は隣人を愛することです。愛の神の内にいるためには心の中に愛を持っていなければなりません。この律法学者は、「『心を尽くし、知恵を尽くし、力を尽くして神を愛し、また隣人を自分のように愛する』ということは、どんな焼き尽くす献げ物やいけにえよりも優れています」と言っています。イエスはそれをお聞きになって、彼をほめています。「あなたは、神の国から遠くはない」、と。

　けれども考えてみますと、十字架の上でイエスが献げたいけにえは、神への完全な愛と隣人への完全な愛の実現であります。私たちは、これからミサを捧げるとき、このことを忘れてはいけません。ミサはイエスの完全な愛の実践です。

　私たちは十字架のいけにえに与るとき——ご聖体をいただくとき、イエスの神への愛と隣人への愛に与って、聖霊の力で私たちも愛することができるようになりま

す。今日の「ヘブライ人への手紙」の中でもそれは言われていることです。キリストは私たちの生きている祭司です。

21世紀に生きる私たちが最も必要としているものは「愛他精神」です。イエスの言葉を使えば、「隣人愛」になります。それは私たちの社会のために一番大切であると思います。

小学生のときから弱い者いじめをする子供がいます。老人の弱さを利用してオレオレ詐欺をはたらく人が絶えません。また、それだけではなく、国と国、部族と部族などの戦争、憎しみの戦争が絶えません。そのために毎日毎日、犠牲者が出ています。自分の子供が飢え死にしないようにと、必死に安全な場を求めている人たちに、手を差し伸べるのではなく、軍隊の力でもって追い返すこともあります。幸いにも、そのような状況を受け入れられずに、NGOなどいろいろな人たちが兄弟的な社会を造ろうと活動しています。隣人愛だけがこの社会を救うことができるのです。

私たちも兄弟的な社会を造っていこうと思っています。最後の晩餐のときに、イエスが弟子たちに言われた、「わたしの愛にとどまりなさい」という言葉を心に留め置きながら、イエスの愛に与って、勇気をもって生きる恵みを願いたいと思います。

2018年11月25日　王であるキリスト／B年
「わたしの国は、この世に属していない」（ヨハネ18・36）

福音朗読　ヨハネによる福音（ヨハネ18・33b-37）
〔そのとき、ピラトはイエスに〕「お前がユダヤ人の王なのか」と言った。イエスはお答えになった。「あなたは自分の考えで、そう言うのですか。それとも、ほかの者がわたしについて、あなたにそう言ったのですか」。ピラトは言い返した。「わたしはユダヤ人なのか。お前の同胞や祭司長たちが、お前をわたしに引き渡したのだ。いったい何をしたのか」。イエスはお答えになった。「わたしの国は、この世には属していない。もし、わたしの国がこの世に属していれば、わたしがユダヤ人に引き渡されないように、部下が戦ったことだろう。しかし、実際、わたしの国はこの世には属していない」。そこでピラトが、「それでは、やはり王なのか」と言うと、イエスはお答えになった。「わたしが王だとは、あなたが言っていることです。わたしは真理について証しをするために生まれ、そのためにこの世に来た。真理に属する人は皆、わたしの声を聞く」。

教会は毎年、典礼暦年の最後の主日に、万物の王であるキリストを讃えています。

けれども考えてみますと、キリストはご自分の王国についてほとんどお話しをしてはいません。いつも天の御国、神の御国についてお話しをしていました。

　パウロはときどき、「キリストの王国」という言葉を使っていますが、それは、キリストは神の王国の要であり、キリストによってこの王国が造られ、私たちをこの王国に入らせるからです。教会も同じ意味で、キリストを宇宙万物の王として讃えています。同時に、私たちはその王国に入っているので、喜び、感謝をしています。

　今日は特に、キリストが王であるという意味をよく理解するために、福音の二つの言葉を考えてみたいと思います。

　一つは、「わたしの国は、この世には属していない」という言葉です。この世には属していない……。世にあるけれども、世の力によって造られたのではありません。この国は地上にある国とはまったく違っています。

　その違いは、まず、この国でいちばん中心にあるのは子供である、ということです。「はっきり言っておく。子供のように神の国を受け入れる人でなければ、決してそこに入ることはできない」（マルコ 10・15）。自分の功徳によって神の国に入るのではなく、子供のように神のいつくしみによって、神の国に入らせていただくのです。そしてまた、その王国には徴税人や娼婦だった人たちもいます。「はっきり言っておく。徴税人や娼婦たちの方が、あなたたちより先に神の国に入るだろう」（マタイ 21・31）。罪びとと考えられていた徴税人や娼婦たちの方が祭司長や民の長老よりも先に神の国に入る……。これは自分の力で神の国に入れると思っている人たちに向かって言っています。罪びとが長老や祭司長たちよりも先に神の国に入れるのは、子供と同じように、罪びとは自分の力では神の国に入ることはできないと分かっていて、神のいつくしみと恵みにすべてを頼っているからです。

　この地上の国と神の国が違っていることがもう一つあります。それは、上になりたい人は仕えられる者ではなく、すべての人に仕える者にならなければならないということです。イエスは、「いちばん上になりたい者は、すべての人の僕になりなさい。人の子は仕えられるためではなく仕えるために……来たのである」（マルコ 10・44-45）と言っています。確かにキリストの王国はこの世に属してはいません。キリストの王国の武器は「愛」、隣人への愛なのです。

　考えたい言葉の二つ目は、「わたしは真理について証しをするために生まれ、そのためにこの世に来た」という言葉です。神のみ国は真理の上に造られています。イエスは「わたしは父のもとで見たことを話している」（ヨハネ 8・38）と主張しています。即ち、神の真理を伝えている訳です。また、イエスご自身が真理そのものです。「わたしは道であり、真理であり、命である。わたしを通らなければ、だれも父のもとに行くことができない」（ヨハネ 14・6）。

イエスの真理は私たちを自由にしてくれます。キリストは真の自由の源です。「わたしの言葉にとどまるならば、あなたたちは本当にわたしの弟子である。あなたたちは真理を知り、真理はあなたたちを自由にする」(ヨハネ8・31-32)。御父が私たちを愛して、私たちの救いのためにイエスを世にお遣わしになり、イエスは私たちを自由にしてくださいます。まことの自由は、私たちを目先の欲望の奴隷の状態から解放し、本当の自分になるために福音に従って責任をもって生きる力です。

私たちもイエスと共に真理を証しするために世に遣わされています。私たちは世の光、地の塩、パン種になって、その使命を果たすために、真理であり、世の光であるイエスについて歩んで行かなければなりません。

しかし、世には偽りの父である悪魔もいるのです。私たちは常にその偽りの父である悪魔の誘惑を受けています。幸せはお金によるのだ、幸せは権力を握ることから得られる、幸せは不条理な欲望を満たすことから得られのだ、などと(ヨハネ8・43-44参照)。

偽りの父である悪魔と、真理そのものであるキリストの戦いは世の終わりまで続くでしょう。けれども、イエスは最後の晩餐のとき、弟子たちに、「あなたがたには世で苦難がある。しかし、勇気を出しなさい。わたしは既に世に勝っている」(ヨハネ16・33)と言われました。この言葉は私たちの力です。私たちはキリストの勝利に与っています。

今日の第二朗読、『ヨハネの黙示録』の言葉、「わたしたちを愛し、御自分の血によって罪から解放してくださった方に、わたしたちを王とし、御自身の父である神に仕える祭司としてくださった方に、栄光と力が世々限りなくありますように、アーメン」というこの言葉を、心にしっかりと受け止めて、これからのミサに与りましょう。

2019年10月27日　年間第30主日／Ｃ年
「へりくだる者は高められる」(ルカ18・14)

福音朗読　ルカによる福音(ルカ18・9-14)

〔そのとき〕自分は正しい人間だとうぬぼれて、他人を見下している人々に対して、イエスは次のたとえを話された。「二人の人が祈るために神殿に上った。一人はファリサイ派の人で、もう一人は徴税人だった。ファリサイ派の人は立って、心の中でこのように祈った。『神様、わたしはほかの人たちのように、奪い取る者、不正な者、姦通を犯す者でなく、また、この徴税人のような者でもないことを感謝します。わたしは週に二度断食し、全収入の十分の一を献げています』。ところが、徴税人は遠くに立って、目を天に

上げようともせず、胸を打ちながら言った。『神様、罪人のわたしを憐れんでください』。言っておくが、義とされて家に帰ったのは、この人であって、あのファリサイ派の人ではない。だれでも高ぶる者は低くされ、へりくだる者は高められる」。

　ルカの福音書で、主イエスはたびたび祈りについてお話ししていました。今日のたとえ話は祈りについての、一面だけを言っているのかも知れませんが、とても大切であると思います。神のみ前に出るときに、どういう心を持つべきか、ということを教えているからです。

　自分は正しい人間だとうぬぼれて、他人を見下している人の祈りは、神に聞き入れられていないと言われています。こういう人は、自分の力で善いことをやってきたと考え、それができなかった人を軽蔑しながら、自分は恵まれた生活をしていると、暗に自慢しています。自分の力でここまでやったと思っています。自分について満足しているので、神にお願いしていません。彼の祈りは、神を見ずに自分だけを見ているのです。

　これは福音の精神にまったく合わないのです。善いことが出来たのは神の恵みが先にあったからこそで、その恵みに応えることが出来たのも神の恵みによるのです。神の恵みを認めて、感謝することが大切なのです。

　皆さんは覚えていると思いますが、マリア様がエリサベトを訪問なさったときの、キリストの母マリアの賛歌を思い出しましょう。「そこでマリアは言った。『わたしの魂は主をあがめ、わたしの霊は救い主である神を喜びたたえます。身分の低い、この主のはしためにも目を留めてくださったからです。今から後、いつの世の人もわたしを幸いな者というでしょう。力ある方が、わたしに偉大なことをなさいましたから』」（ルカ1・46-49）。これはファリサイ派の人の祈りとは全く逆です。マリア様は、自分はよくやった、とは一度も言っていないのです。この祈りの中でマリア様は神の偉大な恵みに感謝しています。自分の力でその恵みを得たということは一切考えていません。「力ある方が、わたしに偉大なことをなさいましたから」……。

　この祈りは、私たちの祈りの模範です。私たちの内にも、神が偉大なことをなさいました。私たちは洗礼を受けて、神の赦しをいただいて神の子となって、神の命に与っているのです。私たちはキリストの兄弟になりましたし、聖霊の神殿にもなりました。聖霊によって生きています。その恵みを喜び、感謝しています。その恵みを他の人にも与えられますように、と心から望んでおります。

　ファリサイ派の人は、自分が正しい者だとうぬぼれていて、神ではなく自分を見ていただけでした。徴税人は、神のみ前に出る資格がないと思っていますが、神を見て、神に近づく恵みをいただいて、「罪人のわたしを憐れんでください」と、赦しを願っています。

私たちも神に憐れみを願うことは当然です。神に近づけば近づくほど、自分に足りないものがはっきり分かるようになります。光に近づくとシミが見えてくるように……。しかし、これは自分の罪をいつくしみ深い神に告白すると同時に、神の赦しを喜ぶことになります。力を落とすことはなく、かえって力をいただきます。神を大切にしない人は、罪を犯していることに気が付かないこともありますが、神に近い人は、罪を認め、神に自分を委ね、赦しを願い、その赦しに感謝し、喜ぶのです。

　赦された人にイエスは、「立ちなさい、行きなさい。あなたの信仰があなたを救った」と言ってくださいます。私たちは罪びとですが、神に赦されている罪びとです。神に抱かれる罪びとです。「父親は息子を見つけて、憐れに思い、走り寄って首を抱き、接吻した。……食べて祝おう」（ルカ15・20-23参照）。これが私たちに対する神の態度です。私たちがまだ遠くに離れているとき、神は私たちを見つけて、迎えてくれて、私たちに接吻をしてくれました。

　自分が正しいと思っている人は、神に何も求めません。自分の力でやれると思っています。しかし、イエスは「求めなさい。そうすれば与えられる。探しなさい。そうすれば見つかる。門をたたきなさい。そうすれば開かれる」（マタイ7・7）と言っていました。

　聖パウロは「わたしたちの内に働く御力によって、わたしたちが求めたり、思ったりすることすべてを、はるかに超えてかなえることのおできになる方に、教会により、また、キリスト・イエスによって、栄光が世々限りなくありますように、アーメン」（エフェソ3・20-21）と言っています。祈るときに求めることは、神がご自身の心を変えてくださることではありません。それはあり得ません。神は完全な愛そのものですから。求めることは、私たちが私たちの心を変えることです。

　私たちは、祈るとき、神に近づこうとしていますけれども、神はもっともっと私たちの内にいてくださるのです。失われた羊を見つけた羊飼いと、肩に乗せられた羊の喜びが一つの喜びになりますように。神に感謝。

2019年12月29日　聖家族／Ａ年
「起きて、子どもとその母親を連れて、エジプトに逃げなさい」（マタイ2・13）

福音朗読　マタイによる福音（マタイ2・13-15、19-23）

　占星術の学者たちが帰って行くと、主の天使が夢でヨセフに現れて言った。「起きて、子供とその母親を連れて、エジプトに逃げ、わたしが告げるまで、そこにとどまっていなさい。ヘロデが、この子を探し出して殺そうとしている」。ヨセフは起きて、夜のうち

に幼子とその母を連れてエジプトへ去り、ヘロデが死ぬまでそこにいた。それは、「わたしは、エジプトからわたしの子を呼び出した」と、主が預言者を通して言われていたことが実現するためであった。

ヘロデが死ぬと、主の天使がエジプトにいるヨセフに夢で現れて、言った。「起きて、子供とその母親を連れ、イスラエルの地に行きなさい。この子の命をねらっていた者どもは、死んでしまった」。そこで、ヨセフは起きて、幼子とその母を連れて、イスラエルの地へ帰って来た。しかし、アルケラオが父ヘロデの跡を継いでユダヤを支配していると聞き、そこに行くことを恐れた。ところが、夢でお告げがあったので、ガリラヤ地方に引きこもり、ナザレという町に行って住んだ。「彼はナザレの人と呼ばれる」と、預言者たちを通して言われていたことが実現するためであった。

イエスの降誕の喜びのうちに、今日、私たちは聖家族について考えるように招かれています。今日の福音では、もうあの馬小屋の平和はありません。ヘロデ王が自分の王座をこの子供に奪われるのではないかと恐れて、子供を殺そうとしています。この家族にとっては、これが最初の試練であるとは言えません。マリアが身ごもっていたとき、ナザレからベツレヘムへの旅は楽ではなかったことは確かでしょう。お産をする場所を探す苦労もあったに違いありません。

これからはヘロデ王の迫害から逃げなくてはなりません。マリアとヨゼフは幼子のイエスを連れて移民になりました。私たちは、"この家族は神の恵みをいっぱいいただいているので、何の問題も無く生活していた"と考えがちです。また、"この家族はあまりにも立派過ぎて、自分の家族の模範とするにはちょっと難しい"と考えてしまうかも知れません。

けれども、この家族はとても苦労した人たちであります。イエスが宣教を始める前に、ヨセフはもうこの世を去ってしまっていました。未亡人になったマリアの姿を私たちはあまり考えたりはしません。でも、長い間マリアは一人で生活する人になっていたのです。マリアの七つの苦労を黙想する信心もあるほどです。

私たちがこの聖家族を模範とするのは、この家族から学ぶことが多いからです。私たちが聖家族を眺めるとき、この方たちは神のみ心をいつも考えておられたこと、そして、「仕えられるためではなく仕えるために来た」とイエスは言われましたが、聖家族の中でそれが実現したこと、神を信頼し、互いに助け合い、相手のことをいつも考えていたことに感嘆します。

私はこのことを考えるとき、聖家族を模範としていた小さき聖テレジアの両親のことを思い出します。教会の歴史の中で、初めて夫婦が共に聖人の位になりました。これは素晴らしいことです。結婚は聖人になる道の一つであることがはっきりと示されたのですから。小さき聖テレジアはまだ若かったときに母を失い、姉に育てら

れました。父は晩年に認知症のようになるなど、いろいろな試練がありましたが、家族は皆、神への信頼を持ち続けることが出来ました。

夫婦が二人とも受洗している場合は、聖テレジアの両親のように、一緒に神の道を歩むために相手の力をいただいて、一緒にキリストの食卓に与ることによって、結婚の絆を強めることが出来ます。これは素晴らしい恵みです。

わが国では夫婦の一方が洗礼を受けていない家庭も多くあります。しかし、このような結婚も神から祝福されています。聖パウロが、「信者でない夫は、信者である妻のゆえに聖なる者とされ、信者でない妻は、信者である夫のゆえに聖なるものとされている」（Ⅰコリント7・14）と言っているように、夫婦の真の愛は神からいただいている愛です。二人の愛は神の恵みです。ですから、このような場合でも、聖家族を模範とすることが出来ます。

また、自分や子供を守るために結婚の誓いが守れなくなることが、残念ながらあります。そのときにもこの兄弟姉妹が、神のいつくしみを信じて、神に愛されていることを信じて、"神の子として歩み続けることが出来ますように"と願えば、助けられます。このミサの間、このような家庭のためにも祈りたいと思います。

この頃、家族の制度が多くの攻撃を受けています。私たちは聖家族のご保護をもって、いつも平和のために生きることが出来るように祈りたいと思います。

そして、子供のことは全部わかっていると思ってはいけません。子供は自分の道を歩まなければなりません。子供は親の指導を受けながら、自分の道を見つけて行くのです。

福音を読むと、親がイエスについて言われたことに『驚いた』ことが二回あります。イエスが神殿で奉献されたとき、シメオンに言われたことに驚いたのです。そして12歳のとき、捜していたイエスを神殿で見つけて驚き、「自分の父の家にいるのは当たり前だ」とイエスに言われたとき、両親にはその意味が分からなかったとあります。学ぶことがいつも必要であるのです。

最後に、いつもお勧めしているのですが、カトリックの幼稚園で教えている三つの言葉があります。まず、感謝の言葉、"ありがとう"です。今生きているのも、今の私になったのもあなたの蔭です、ありがとう。一緒にいてくださることを感謝しています、ありがとう。

次は"おはよう"など、挨拶を交わす言葉です。これは相手の存在を認めるだけではなく、大事にするしるしです。挨拶をすることによって、二人の心の結びつきを強めていくのです。

三つ目は、"ごめんなさい"です。完全な人はいないので、相手に傷を与えることがあり得ます。そのときすぐに、「ごめんね」と言える人は幸いです。この三つの言葉、"ありがとう""おはよう""ごめんなさい"は、幸せの道をつくる言葉です。

このミサの間、私たちは大津教会のすべての家庭において、聖家族のご保護がありますように祈りたいと思います。

2020年1月1日　神の母聖マリア
「マリアはこれらの出来事をすべて心に納めて、思い巡らしていた」（ルカ2・19）

福音朗読　ルカによる福音（ルカ2・16-21）
〔そのとき、羊飼いたちは〕急いで行って、マリアとヨセフ、また飼い葉桶に寝かせてある乳飲み子を探し当てた。　その光景を見て、〔彼らは〕この幼子について天使が話してくれたことを人々に知らせた。聞いた者は皆、羊飼いたちの話を不思議に思った。しかし、マリアはこれらの出来事をすべて心に納めて、思い巡らしていた。羊飼いたちは、見聞きしたことがすべて天使の話したとおりだったので、神をあがめ、賛美しながら帰って行った。
　八日たって割礼の日を迎えたとき、幼子はイエスと名付けられた。これは、胎内に宿る前に天使から示された名である。

　新年明けましておめでとうございます。今日は神の母となってくださったマリア様に心から感謝したいと思います。聖パウロが第二朗読の「ガラテヤの教会への手紙」で、「神は、その御子を女から、しかも律法の下に生まれた者としてお遣わしになりました。それは、律法の支配下にある者を贖い出して、わたしたちを神の子となさるためでした」と書いているように、神のみ計画に係わって、マリア様の特別で偉大な役割があったからです。
　今日、教会は私たちに三つのことについて考えるように勧めています。まず、イエスの降誕の八日目にあたる今日は、マリア様の素晴らしさについてです。そして次に、平和の人となることについて、三つ目は、時間の尊さ、大切さについてです。この三つのことはお互いに密接な関係を持っています。
　第一に、神のみ計画にマリアが深い信仰をもって協力したことによって、私たちが「神の子」となったことについて考えましょう。いったい私たちはどのような存在でしょうか、何を目指して生きていくべきでしょうか……。私たちの存在の意味は、イエスの受肉によって明らかになりました。それは私たちが「神の子」となるため、「神の子」として生きていくためでした。このことの意味について考えなければ、すべてのことは意味深くはなりません。
　私たちには「神の子」として生きること以上の目標はありません。そのために人の協力を必要とされた神は、マリア様を特別にお選びになられたのです。神はマリ

ア様の内に偉大なことをなさいました。マリア様はこの偉大な恵みを信じて、それに応えることが出来ました。私たちはマリア様に感嘆し、感謝いたします。

第二に、神の子として生きることは平和の人として生きることです。そのことは、最後の晩餐のときにイエスが、「わたしは、平和をあなたがたに残し、わたしの平和を与える」（ヨハネ 14・27）と言われていることで、明らかです。今日は平和の日でもあります。

第三に、教会は時間について考えさせます。キリストがこの世にお生まれになったことによって、永遠の神が時間の中に生きるようになりました。キリストはマリアの体内に宿られて、マリアから生まれて、成長し、大人になって、死を体験しました。イエスの生涯は、私たちに時間の流れの大切さを教えてくれます。宇宙万物を創造された神が、ご自分から人となられたことは本当に不思議なことです。神の愛はそこにまで及んでいるのです。

このように考えるとき、私たちは新しい年を始めるにあたって、何を願うべきでしょうか……。自分や周りの人たちの健康、経済的に安定した生活、円満な家庭を願うことや、今年社会人になる若者が、すべてうまくいきますようにと祈ったり、学生が、無事に卒業できますようにと祈ったりすることはもちろん大切なことです。けれども、それよりもまず、「神の子」として毎日を過ごすことが出来ますようにと、その恵みを心から願いましょう。マリア様の祈りに支えられて、神の命によって生きることの素晴らしさを考えましょう。

次に、平和の人になることを願いましょう。まず、神の平和が私たちの心を満たし、平和をもたらす人となりますように。お互いに赦し合い、一致の交わりを目指して生きることです。悲しみのある所に喜びを、対立のある所に安らぎをもたらすことが出来ますように。そして世の平和を望み、すべての人を兄弟として生きることができますように。特に、恵まれていない人、移民の人など、自分が世界の人々と兄弟になりたいという心を持つことです。

最後に、神が望んでおられる自分になる努力をし続けることが出来ますように、と願いましょう。神がお望みになっている父に、神がお望みになっている母に、神がお望みになっている子に、神がお望みになっている自分になることを願いましょう。

私も、残された時間を神がお望みになる司祭になることが出来ますように、とお祈りしています。時間は一回しか与えられないので、一番大切です。

今日のミサの間、イエス・キリストが人となられたこと、マリア様がそのみ計画に協力されたことに感謝しながら、戦争が止まないこの世に平和が与えられますように、そのために私たちが、兄弟的な平和を体験できるまで働くことが出来ますように、祈りましょう。

そして、教皇フランシスコがいつも願っているように、神から与えられたこの自

然を大切にしたいと思います。神からいただく揺るぎのない希望をもって、新しい年の毎日を神の愛に応えることができるように願いたいと思います。

　私たち皆にとって、豊かな恵みの年になりますように。

2020年6月14日　キリストの聖体／Ａ年
「このパンを食べる者は永遠に生きる」（ヨハネ6・58）

　福音朗読　ヨハネによる福音（ヨハネ6・51-58）
　〔そのとき、イエスはユダヤ人たちに言われた〕「わたしは、天から降って来た生きたパンである。このパンを食べるならば、その人は永遠に生きる。わたしが与えるパンとは、世を生かすためのわたしの肉のことである」。
　それで、ユダヤ人たちは、「どうしてこの人は自分の肉を我々に食べさせることができるのか」と、互いに激しく議論し始めた。イエスは言われた。「はっきり言っておく。人の子の肉を食べ、その血を飲まなければ、あなたたちの内に命はない。わたしの肉を食べ、わたしの血を飲む者は、永遠の命を得、わたしはその人を終わりの日に復活させる。わたしの肉はまことの食べ物、わたしの血はまことの飲み物だからである。わたしの肉を食べ、わたしの血を飲む者は、いつもわたしの内におり、わたしもまたいつもその人の内にいる。生きておられる父がわたしをお遣わしになり、またわたしが父によって生きるように、わたしを食べる者もわたしによって生きる。これは天から降って来たパンである。先祖が食べたのに死んでしまったようなものとは違う。このパンを食べる者は永遠に生きる」。

　今日は大きな喜びの日です。Ｂ地区とＤ地区が、この二か月の間待っていた、イエスの食卓に一緒に与ることが出来るし、また、同じように、二人の姉妹が、やはり二か月の間待ち望んでいた入信の秘跡——洗礼・堅信・聖体を受けることが出来、イエスの家族である教会の完全な一員となる、喜びの日です。聖体の祭日に、そのことを行うことが出来ることは本当に素晴らしいことです。神に感謝。
　ご聖体の秘跡の意味はとても豊かです。まず、ミサにおけるご聖体の秘跡の意味について考えますと、今日の第二朗読の、パウロの言葉はどんなに素晴らしいことか……。
　私たちはミサにおいて、イエスの死と復活とを記念いたします。このとき、それに与る私たちは、被造物であっても罪びとであっても、キリストの愛の死に与って、御父に愛される子供になります。なんと素晴らしいことでしょうか。
　パウロは言っていました。「わたしたちが神を賛美する賛美の杯は、キリストの

血にあずかることではないか。わたしたちが裂くパンは、キリストの体にあずかることではないか」と。キリストの死と復活の内に、三位一体の愛は明らかに見えてきます。

　まず、御父の愛です。イエスの死は御父の愛のしるしです。「神は、その独り子をお与えになったほどに、世を愛された」（ヨハネ3・16）。また、イエスの、御父と私たちに対する愛も示されています。「わたしが父を愛し、父がお命じになったとおりに行っていることを世は知るべきである。さあ、立て。ここから出かけよう」（ヨハネ14・31）。そして、「友のために自分の命を捨てること、これ以上に大きな愛はない」（ヨハネ15・13）。これは十字架の死で示されています。私たちのためにキリストは十字架の上で亡くなられたわけです。

　また、御父と御子の愛である聖霊の働きについても考えさせられます。パンと葡萄酒を、キリストの御体と御血にするのは聖霊の働きであります。「今、聖霊によってこの供え物を尊いものにしてください。わたしたちのために主イエス・キリストの御体と御血になりますように」（奉献文）。御父と御子の永遠の愛の内に、この聖霊は私たちに与えられ、私たちは聖霊に満たされます。

　そして、もう一つ、大切なことをパウロは言っていました。「パンは一つだから、わたしたちは大勢でも一つの体です。皆が一つのパンを分けて食べるからです」と。パンは一つだからこのパンに与る者はみな一つです。私たちはキリストにおいて兄弟です。キリストに会うとき、私たちは兄弟たちにも会っています。キリストとの出会いは個人の恵みでありながら、キリストの内に、すべての兄弟にも会っているのです。

　ミサが終わってから、ご聖体は聖櫃に安置されますが、ここにも大切な意味があります。最初、それは病人のためでしたが、教会の歴史においてだんだんと、それはキリストがいつも、いつまでも、世の終わりまで、私たちと共にいてくださるという徴（しるし）になりました。「わたしは世の終わりまで、いつもあなたがたと共にいる」（マタイ28・20）。

　もちろん、「洗礼、堅信、聖体」の秘跡を受けると、キリストは私たちの心にいつもいてくださいます。「わたしの肉を食べ、わたしの血を飲む者は、いつもわたしの内におり、わたしもまたいつもその人の内にいる」と言われているとおりです。

　しかし、私たちが聖櫃の前で祈るとき、イエスが側にいて、一緒に働いてくださっていることを悟る恵みを味わうことが出来るでしょう。

　さて、今日は二人の姉妹がこのミサの中で、「洗礼、堅信、聖体」の秘跡を受けます。この二人は入門式のときからこの共同体のメンバーです。けれども、今日、初めて、イエスの食卓で、イエスの御体をいただくことによって、もっと完全な姉妹となるのです。皆さん、どうぞこのお二人のために祈ってください。

そして、自分が入信の秘跡を受けることが出来たのは、自分が善い人だったからではなく、神に愛されたからだと思って感謝しましょう。そしてそのおかげで少しずつ良くなっていくのです。さあ、これから神の愛を信じて……。

2020年8月23日　聖モニカ／A年
「主はこの母親をみて、憐れに思い、『もう泣かなくともよい』と言われた」（ルカ7・13）

福音朗読　ルカによる福音（ルカ7・11-17）
　それから間もなく、イエスはナインという町に行かれた。弟子たちや大勢の群衆も一緒であった。イエスが町の門に近づかれると、ちょうど、ある母親の一人息子が死んで、棺が担ぎ出されるところだった。その母親はやもめであって、町の人が大勢そばに付き添っていた。主はこの母親を見て、憐れに思い、「もう泣かなくともよい」と言われた。そして、近づいて棺に手を触れられると、担いでいる人たちは立ち止まった。イエスは、「若者よ、あなたに言う。起きなさい」と言われた。すると、死人は起き上がってものを言い始めた。イエスは息子をその母親にお返しになった。人々は皆恐れを抱き、神を賛美して「大預言者が我々の間に現れた」と言い、また「神はその民を心にかけてくださった」と言った。イエスについてのこの話は、ユダヤの全土と周りの地方一帯に広まった。

　聖モニカの祭日、おめでとうございます。
　教会は小教区の保護の聖人に対する信心をとても大切にしています。そのために、その記念日は小教区にとっての祭日になり、その日が平日であった場合には、いちばん近い日曜日に、年間の主日のミサではなく、その聖人を記念しながら神へのミサを捧げることができます。
　しかし、すべての聖人の祝日はキリストの祝日であることを忘れてはなりません。すべての聖人の内に、キリストの働きが見えるからです。聖人は神の愛に応えた人だからです。私たちの教会は、「カトリック横須賀大津教会」と言われていますけれども、正式の名前は「聖モニカ教会」です。そして、聖モニカの記念日は8月27日ですが、今日、私たちは喜びをもって、聖モニカの内に神の恵みを称え、聖モニカの取り次ぎを願います。
　聖モニカは自分の家族の要でした。夫を信仰に導いてくれた……、夫は乱暴な人で遊蕩にふけるような人でしたが、モニカの祈りと愛によって彼は回心し、キリスト信者になりました。けれども、モニカがいちばん知られているのは、子供であるアウグスチヌスの回心を神に熱心に願ったことでした。

アウグスチヌスは、青年時代にはキリスト教よりも異端の宗教に興味を見せていましたし、結婚もしないで子供を産ませるような生活をしていました。モニカは議論して彼を改めさせることが出来ませんでしたので、自分に出来ることは祈りだと悟って、彼のために一生懸命に祈りました。彼は仕事のためにミラノに住んでいたときに、聖アンブロジオ司教の説教を聞いて、キリストに惹かれて回心し、カトリックの洗礼を受けました。そのとき、彼は33歳でした。今日の福音の言葉を思い出します。「イエスは息子をその母親にお返しになった」……。

　後に彼は司祭になり、司教に叙階され、優れた神学者になり、後世に大きな影響を与えました。聖アウグスチヌスがその人です。

　今日は特に母親のために聖モニカの温かい助けを願いたいと思います。母親は子供が体内に宿ったそのときから子供と会話しています。子供に歩くこと、話すことを教えます。思いやりをもって人と交わることが出来るように育てます。また愛をもって子供を戒め、正しい自由を持って生き、人のことも考えさせます。そして見えない世界——神の世界に子供の心を向けさせるように、特にイエスを愛するように導きます。これは大切なことです。そうしていつか自分の道を歩ませるために子供と離れますが、優しい愛の絆を持ち続けます。

　今日の福音はナインという町での出来事です。一人息子を亡くして悲嘆にくれているやもめの母親を憐れに思ったイエスは、「もう泣かなくともよい」と言います。そして、息子を生き返らせ、「母親にお返しになった」のでした。

　人はどんなに年をとっても母の励ましを必要としています。イエスは十字架上で、弟子に、ご自分の母マリアをお与えになってくださいました。今も、死を迎えるときも、聖マリアはそばにいてくださって、私たちのために祈っておられます。

　現代の消費社会の危機の一つの原因は、親になるために心の準備ができていない人が少なくないことです。子供は神からのプレゼントとしていただくことなく、邪魔者と思っている人さえいます。家族に対するいろいろな攻撃の多い今の時代だからこそ、モニカの取り次ぎを願いたいと思います。

　聖モニカは家庭の保護者でありながら、大津教会の保護者にもなっています。私たち、大津共同体はいつも若い世代を大切にして、彼らが素晴らしい希望をもって前へ進むことができるように、明るい希望をもって模範を見せながら、彼らのために祈りを捧げましょう。特に新型コロナ・ウィルスの終息後、大津の聖モニカ共同体は若い世代を中心に、新しい出発をするために皆が力を合わせて、信頼をもって前へ進みましょう、祈りながら。

　今日、大津教会のすべての家族の上に、また大津教会の共同体の上に、モニカの取り次ぎを願いながら、私たちも愛による祈りの力を信じ、神の豊かな恵みを願いましょう。

毎日を、あなたとともに！

——カンペンハウド神父のツイッター

前田 梢［編］

　　良い復活祭をお過ごしください。ご自分の平和と希望を、多くの人と分かちあいましょう。いままで知らなかった不思議な日々が続いています。孤独に負けないように、A・カンペンの名で、ツイッターをつくりました。ときどき、見てください。コロナ・ウィルスがなくなったら、また会いましょうね。

　　　　＊　　　　　＊　　　　　＊　　　　　＊　　　　　＊

　今日の聖金曜日のために、聖書の二つの箇所を勧めます。フィリピへの手紙2・6-9とヨハネの福音19・25-27。聖週間の恵みが皆さんのうえに、豊かにありますように。
　　　　　　　　　　　　　　　　　　　　　　　　　　　　2020/04/10　聖金曜日

　聖土曜日、今日は典礼のない唯一の日です。待つ日です。落胆していた弟子たちのだれも、待っていなかった。迷っていただけです。しかしイエスの母マリアは、静かに待っていたにちがいありません。マリアさまとともに今日は、希望のうちに一日を過ごしましょう。
　　　　　　　　　　　　　　　　　　　　　　　　　　　　2020/04/11　聖土曜日

　聖なる復活祭になりますように。暗いときこそ、世の光キリストの復活を歌おう。「わが救い主は死のくるしみに勝ち、み墓を開きて甦がえりたり」。「キリストはご自分の死をもって私たちの死を打ち砕き、復活をもって私たちに命をお与えになりました」（今日の叙唱）。
　　　　　　　　　　　　　　　　　　　　　　　　　　　　2020/04/12　復活の主日

　最後の晩餐のときにイエスは、弟子を「友」と呼ばれたが（ヨハネ15・15）、マグダラのマリアに現れたとき、弟子を「兄弟」と呼んでいます（20・17）。パウロの言葉もみましょう（ローマ8・29）。私たちは主イエスの兄弟ですから、イエスは必ず傍にいて私たちを助けてくださる。
　　　　　　　　　　　　　　　　　　　　　　　　　　　　　　　　　　2020/04/14

　今日は、エマオへ帰る弟子の福音です（ルカ24・13）。二人は気を落としてもうや

めたが、イエスはやめていない、彼らに力を与えて、復活の証人にします。平和と喜びが戻ってきた。私たちもイエスから力を受けている。隠れキリスタンはミサに与れなかったが、イエスは傍にいました。心を上げて、神を仰ぎます。 2020/04/15

　外出自粛は、家に閉じ籠ることではない。人は交わる者です。生まれる子に、それを教える。家にいても、電話、葉書、メールで交流を行う。
　人から感染されるかと思い、人を避けること、それと、自分が陽性になっているかもしれないと思って相手と交際しないこととは、違う。家にいて時間があれば、まずイエスとの交流を。　　　　　　　　　　　　　　　　　　　　2020/04/16

　You Tube の主日のミサをご存知ですか？「カトリック東京大司教区ホームページ」をクリックして、「東京教区からのお知らせ」へ、左の欄の下の「復活節の映像配信に関して」をクリックしてください。日曜日 10 時からです。菊池大司教の説教があります。自分の小教区のミサに与るまで。　　　　　　　2020/04/17

　祈るときは、一人でイエスに会っているのではなく、イエスの内にいる兄弟にも会っているのです。自分だけの救いはなく、救いは連帯から。連帯とは、愛です。今こそ世界は連帯を学ぶべきです。新型の武器開発に力を入れるような政治を見直すよう、世界の為政者に向けた 世論を造りましょう。　　　　　2020/04/18

　主は皆さんと共に。主の日です、神の慈しみの日です。イエスは弟子たちに言ったように私たちにも「平和があなた方とともに」と言い、弟子たちを遣わしたように、希望を分かち合うために、わたしたちも遣わします。遣わされたので、心に平和をもって、行きましょうね。　　　　　　　　　　　　　　2020/04/19

　今日の福音（ヨハネ 3・1-8）は、「知る」と「新たに生まれる」との違いを教えます。洗礼の時、聖霊は私たちを新たに生まれさせました。復活節は聖霊の季節です。神の愛である聖霊によって孤独の不安に落ち込むことなく、信・望・愛に生きることが出来ます。聖霊は私たちを元気にしてくださいます。　　　　2020/04/20

　「主の平和が皆さんと共に」。ミサの中の復活されたイエスの言葉です。ミサの終わりには「行きましょう、主の平和のうちに」と唱えます。これもイエスに遣わされた教会の応えです。この平和はイエスの平和です（ヨハネ 14・27）。弟子は主の平和と正義の使者です（正義なしの平和はない）。　　　　　2020/04/21

四福音書の終わりにある言葉は私たちの今日の力。イエスは墓にはいない、生きておられる（マルコ16・6）。世の終わりまで、いつも共にいる（マタイ28・20）。約束された聖霊を弟子に送る（ルカ24・49）。わたしの主、わたしの神よ（ヨハネ20・28）。どれも今日の私たちのための言葉ではありませんか！　　　　　2020/04/22

　戦争の準備をしている国がある。世界は連帯を強調する時なのに。人間はウィルスよりも多く、人の命を奪う。原罪の後の最初の罪は兄弟の殺害でした（創世記4・8）。十戒の掟の一つ「殺してはならない」（出エジプト記20・13）に対して、「主の平和が皆さんと共に」と。　　　　　　　　　　　　　　　　2020/04/24

　ストレスに負けない一つの方法は微笑を交わすことです。しかし人に会わないならどうしようか？　心の微笑は電話でも、メールでも伝えられる。今日誰かに微笑みを送りましょう。そうすれば自分も元気になります。　　　　2020/04/25

　追加　ストレスに負けない一つの方法は微笑みを交わすことです。が、人と会えないならどうしようか？　心の微笑みは、電話でもメールでも伝えられます。今日こそ誰かに微笑みを送りましょう。そうすれば自分も元気になります。 2020/04/25

　今日は主の日。キリストの復活を記念する大切な日。主の食卓を囲むことはまだできないが、今日主は、エマオの弟子に説明したように、私にも説明してくださいますから、ミサの聖書を読もう。使徒言2・14、22-33、Ⅰペトロ1・17-21、ルカ24・13-35。またYou Tubeで菊池大司教のミサに10時から霊的に預かるか。 2020/04/26

　寂しくなりそうな時は「いつくしみ深き友なるイエスは♪」と。歌でもイエスと話すことは出来ます。好きな歌を歌えば力になります。マリア様や日本殉教者に対して歌いたい時もある。家族揃って祈りを唱えるのは素晴らしい。その時に歌ってみたら？　一人の場合でも歌を口ずさんで祈ることもいいね。　　　2020/04/27

　今週、週日の聖書朗読はヨハネの福音書6章です。これを読めば、今ご聖体を頂けないでいる私たちに求められていることが分かる。命のイエスに対する信仰です。ヨハネ6・29、35、40、47と、関連する箇所も読んでみよう、ヨハネ10・10、14・6を。私たちに対する神の愛を信じています（Ⅰヨハネ4・16）。　　　2020/04/28

　人は誰もが幸せを望みます。でも、何が幸せでしょうか。健康、経済的安心、夫婦円満、子供の正しい成長……、人それぞれですが、幸せの根本は神の愛に生きる

ことです。聖パウロは言っています。何ものも私たちを神の愛から引き離すことは出来ない、と（ローマ8・38）。この言葉は力になりますね。　　　　　2020/04/29

　行動の束縛の時自由がなにかと思う。自由は欲望の奴隷であるわがままの反対語。自由はやるべきことをやる力。パウロ「わたしは、だれに対しても自由な者ですが、すべての人の奴隷になりました」（Ⅰコ9・19）。人のために外出禁止の掟を守る人は自由な人。主の霊のいるところに自由がある（Ⅱコ3・17）。　　　2020/05/01

　ウィルス感染を防ぐため多くの人が外出自粛をしている。その時でも、私たちはイエスに遣わされている。イエスは弟子たちを名前で呼んで、外に連れ出す（明日の福音）。自由に外出できない時でも、人に会う方法を考えよう。祈り、手紙、電話、メール、スカイプなど。救いの道は他人をも考えること。　　　　2020/05/02

　ミサがないと何かを失うだろうか。イエスとの一致か？　それは大丈夫。洗礼の時から、イエスはいつも私たちの内に居てくださる（ヨハネ15・4）。ミサは兄弟姉妹と共に、イエスの十字架と復活に与り、イエスを御父に献げること。イエスのために御父に感謝すること。イエスと聖霊によって生きる力を受ける。　2020/05/03

　5月は聖母の月。神の母聖マリアの助けをいつも願っていますが、教皇が願うように、今月の間に心配事をマリアの心に委ねよう。病人の癒し、キリスト者の助け、平和の元后（聖母の連祷）である聖母マリアは、今も、死の時も私たちのために祈ってくださるのです。私たちもマリアの取次ぎを願いましょう。　　　　2020/05/04

　記念の御絵に書こうと思った言葉、「あなたは、わたしに従いなさい」（ヨハネ21・22）。主の受難の時に罪を犯したペトロへの言葉だが、船で網を打っていた時の呼びかけ（マタイ4・19）と使命は変わっていない。また、ペトロは死ぬ日まで忠実であると言われていた（ヨハネ21・19）。感謝、カンペン。　　　2020/05/05

　外出自粛でなければ、今日は、神と人とに仕える司祭叙階の恵みを1950.4.2に受けた事を、司教様と皆さんと共にお祝いする予定でした。皆さんの祈りに支えられて、罪の赦しを受けながら、日本の教会で司牧する事が出来ました。慈しみの神に深く感謝します。最期の日まで主に忠実であることを願っています。2020/05/06

　イエスがいつも心にいるのに、聖櫃の前へ行って祈る理由は何でしょう？　私たちは体を通して物事が分かります。ミサの時、私たちは秘跡のしるしであるパンを

体で受けて、イエスとの一致の恵みも心で受けます。ミサが無い時、体を動かして
イエスのそばに来て祈ると、イエスの呼びかけを感じて力を受けます。　2020/05/07

「主において常に喜びなさい。重ねて言います。喜びなさい」（フィリピ4・4）。「常
に」が大切です。喜びの種は、神に常に愛されているから、私たちはその種をいつ
も持っています。それは、自分のためだけでなく人と分かち合うためなのです。不
安の中にいる人への貴重なプレゼントは心からの微笑み。　　　　　2020/05/08

出発点はパウロの回心（言行録9章）。考え方の回心だから啓示と言っていい。彼
にとっては躓きだったイエスの死は、神の力、神の知恵となった（Ⅰコリント1・
23-24）。私たちは「キリストのように考え♪」と歌うが、それを実行する方法は福
音を読む以外にはない。　　　　　　　　　　　　　　　　　　　　　2020/05/09

復活節の間、毎日使徒言行録を読んでいる。第一部ペトロ、第二部はパウロの宣
教。これからパウロについて行きましょう。パウロがイエスを「捕らえようと努め
て」いたのは、先にイエスに「捕らえられていた」からです（フィリピ3・12）。キ
リストを迫害していた彼はイエスの復活の宣教師となりました。　　　2020/05/09

今日は母の日。母親たちのために祈りましょう。特に少年や青年の母親のために、
子供が神の平和の中に、希望をもって、人に仕え、聖霊による自信をもって、明日
へ進むことができるように母親がいつも子供を導く知恵と力が与えられますよう
に。　　　　　　　　　　　　　　　　　　　　　　　　　　　　　　2020/05/10

パウロは、回心してから「イエス・キリスト、それも十字架につけられたキリス
ト以外、何も知るまいと心に決めていた」（Ⅰコリント2・2）。キリストの十字架か
らの復活はパウロの宣教の源。「生きているのは～わたしを愛し、わたしのために
身を献げられた神の子に対する信仰によるもの」（ガラ2・20）。　　　2020/05/11

パウロも、偉大な恵みに応えるべき人の弱さを知っていた。「わたしたちは、こ
のような宝を土の器に納めています」（Ⅱコリ4・7）。しかし、彼は「わたしの恵み
はあなたに十分である。力は弱さの中でこそ十分に発揮されるのだ」と神に言われ
た（Ⅱコリ12・9）。神は弱い私たちを今日も使ってくださいます。　　2020/05/11

今日は洗礼と神秘体の関係。洗礼によってイエスと共に生きる。「洗礼を受けて
キリストに結ばれたあなたがたは皆、キリストを着ている」（ガラ3・27）。同時にキ

リスト信者と結ばれる。「皆一つの体となるために洗礼を受け、皆一つの霊をのませてもらったのです」（Ⅰコ 12・13）。信仰は交わりの中で。　　　　　2020/05/12

　外出自粛の試練はまだ続くでしょう。自分がやるべきことをやることです。やるべきことをやる力は聖霊から頂いている。堅信は私たちの聖霊降臨でした。私たちはいつでも、どこでもキリストの証人になれる。試練に負けずに立ち向かえば、却ってこの試練を通して、成長する。聖霊は私たちの力です。　　　　　2020/05/13

　今日はユダの代わりに選ばれた使徒マチアの祝日。彼について分かっていることが一つ。イエスが洗礼を受けた時から天に上げられた日まで、いつも使徒たちと一緒にいたこと。キリストを証しする条件です。彼は聖霊降臨の日に他の使徒と共に聖霊を受けた。洗礼と堅信によって私たちもキリストの証人です。　　　　　2020/05/14

　夜明けは昼の光ではない。回復は健康への道で、治癒ではない。緊急事態からの解放が見えても、まだ安心する時ではない。自分と隣人のために努力を続ける。忍耐は希望の力。イエスは嵐と戦う弟子にアドバイスと力を与え、海辺で朝飯を準備なさる（ヨハネ 21 章）。主は水辺に立った。わたしに声をかけた。　　　　　2020/05/15

　パウロは人の自由を重んじます。「あなたがたは、自由を得るために召し出された」（ガラ 5・13）。「主の霊のおられるところに自由があります」（Ⅱコ 3・17）。その自由は、欲望の奴隷になるわがままではなく、自分の意志で善と悟った事を自分の意志で行う力です。正しいことを知り、行うことは聖霊の働きです。　　　　　2020/05/16

　今日、主の日に主の愛に応えよう、パウロと共に。パウロの愛は彼の書簡のどこからでも読み取れるが、Ⅰコリント人への手紙の 13 章は特に印象的です。「愛がなければ、無に等しい」（2 節）、「最も大いなるものは、愛である」（13 節）。全部を読んでみたら、歌いましょう……（典礼聖歌. 愛の賛歌 381）。　　　　　2020/05/17

　人は時間と空間の中で生きていることを、普段はあまり考えないが、空間が限定され、明るい時間がなかなか訪れないときになると、それを強く感じる。考えれば、驚くべきことが一つ。それは永遠の神が人の時間の中に入られたこと。大事なことも一つ、自分の時間は限られていること。時間は尊い。無駄にしない。　2020/05/18

　時間のユニットは、日・週・年の三つ。神と共にこの時間を過ごす。一日は朝の祈りで始まる。「今日一日よろしく」。晩の祈りで終わる。「良いことに感謝。まず

いことに赦しを」。一週間の中心は主の日の日曜日。兄弟姉妹と共に主の食卓を囲む。一年の中心は主の復活祭と聖霊降臨祭（5月31日）。お元気で。　　　　2020/05/19

　小中高生は登校できる日を待っている。この年代の者にとって「学ぶ」ことは義務であり、権利でもある。教会学校、教会青年会はどうなっているか。家でイエスを学ぶ義務と権利とは？　……手助けの方法はある。小学生なら聖歌を覚えさせること、中高生なら一緒に聖書を読むこと、これはその一つである。　　　　2020/05/20

　家族で自分だけ信者である場合でも、勿論キリストとともに生き、証しすることができる。だが、教会のしるしとなるために少なくとも二人の交わりのしるしが必要です。親が二人とも信者である場合、または親の一人と子供が信者の場合、この家族は教会の小さい細胞になる。家族の祈りは尊い。特に教会に行かれないとき。
2020/05/21

　コロナ・ウィルスの感染だけを考えて、ほかの病で患っている兄弟を忘れていないか。心臓病、癌などと戦っている友にも愛情を示すことは当然です。彼らは言っている、「自分は前から患者の生き方をしているが、友との交流は大きな力でした。これからもよろしくとお願いします」、と。それに喜んで答えたい。　　　　2020/05/22

　ヨハネの福音で、イエスは、ご自分は「生きたパン」（6・51）、「世の光」（8・12）、「門」（10・9）、「良い羊飼い」（10・14）、「復活、命」（11・25）、「道、真理、命」（14・6）、「ぶどうの木」（15・5）であると言っています。そしてそのつど弟子との関係も述べています。その関係を考えて読んでみよう。　　　　2020/05/23

　正義の名において破壊されるものは無数にありますが、品位の名において破壊されるものは、それに比べるとはるかに少なくて済みます。品位というのは何かを推し進めるための装置ではなく、行動を抑制し、いっとき足をとめて熟慮するための操作概念だからです。　　　　2020/05/24　主の昇天

　コロナ・ウィルス禍の今、体と精神の相互の関係について考えさせられる。少しの間、体について考えてみよう。体は、人との交わりのために、目・耳・手・足も必要だが、最も必要なのは口です。動物との違いはまず口です。人は話す動物です。生まれる前から母の声を聴いているし、人になるために言葉を学ぶ。　　　　2020/05/25

　イエスは人間の体を完全に体験しました。女から生まれたこと、父から仕事を習っ

たこと、喉が渇いたこと、疲れて船で眠ってしまったこと、友または罪びとと共に食事を楽しんだことなど、すべては人のためでした。それが二つのことでよく分かります。弟子の足を洗ったことと十字架で亡くなったことです。　　　　　2020/05/26

　神のことばは、人を救うために「肉となって、わたしたちの間に宿られた」（ヨハネ1・14）。そうであるなら、私たちも体によって神のもとへ行くことが出来るはずである。頭に水を受けて、額に油を塗られて、口でパンをいただいている。夫婦の交わりは、キリストと教会との一致のしるしだと言われている。　　　　2020/05/27

　神の子として立って祈る。弱い自分は跪いて祈る。座って耳で、み言葉を聞く。病気の時、横になって祈る。目で祭壇、聖櫃、十字架、会衆席を見て、イエスと兄弟と祈る。香を嗅いで、祈りは香のように天に上る。手を天に上げて祈る。足で聖体行列に参加する。口は歌で神を賛美し、聖体を受ける。体で祈る。　　2020/05/28

　年齢によって体の目指すことは、異なる。青年期は、体の欲望を抑え、体を従わせることを目指す。成人期は、体が人や社会（結婚生活、職業）のためにいつも役立つものになるように努力する。老年期は体の衰えを率直に認め、それに合わせて進み続け、最後に、平和の中に体の輝きの復活を喜びの内に準備する。　2020/05/29

　体のお陰で自然を楽しむ事が出来、人との交流によって心は成長する。だが、体が本能に支配されると、その使命を果たせなくなる。現代はその傾向が強い。TVを見ても、食べたい、飾りたい、きれいになりたいなど、本能をくすぐる場面が多い。人は体を自分で支配しないと、体に支配される。体は尊さを失う。　2020/05/30

　何も見えないトンネルを進んで行くと光が見える。トンネルを出る時の風景は、入った時の風景とは違っている。暗闇の中でも、聖霊の導きを期待すると思いがけないことが起る。聖霊は、必ず私たちを驚かせます。明日を聖霊に任せましょう。しかし、同時に聖霊に協力をしましょう。聖霊降臨おめでとう。

2020/05/31　聖霊降臨の主日

　聖霊降臨の祭日で復活節が終り、待降節の第一主日まで年間の典礼になる。キリストの過越に与り、その教えに従う弟子として、イエスのように考え、話し、行い、愛するように生きることを目指す。信仰を深める時、キリストを証しする時。教会の季節。毎年一つの福音を読んでいくが、今年はマタイの福音。

2020/06/01　教会の母 聖マリア記念日

イエスが世に来たのは、罪びとが回心し（マタイ9・13参照）、真の命に生きるためだった（ヨハネ17・2参照）が、命に通じる門は狭く、その道も細いので努力が必要（マタイ7・14参照）。また、御父とイエスが一つであるように、すべての人が一つになるためだった（ヨハネ17・21参照）。イエスの弟子は地の塩。　2020/06/02

　イエスについて行くには、山上の説教の八つの幸せを心に刻むこと。自分の目標とするだけでなく、苦労している人、圧迫されている人の味方になるために。社会は人を圧迫する事も、不必要な者とする事もある。また補助金を施したり、慈善事業に任せたりしてお茶を濁す。助けと正義は一緒であるべきだ。　2020/06/03

　イエスは政治運動をしなかったが、その言葉と行いは、宗教家と政治家の反発を招いた。罪びとと食事し、異邦人とサマリア人を迎え、忌み嫌われる病人を癒し、悪霊に襲われた人を清め、いつでも小さい人を優先にしたから、宗教家と政治家は自分の特権が奪われると思い、手を組んでイエスを死刑にした。　2020/06/04

　殉教は、キリスト教によって社会が変えられるとの権力側の恐れから生じている。宣教師側の無理解も否定できないが、もともと福音と世の価値観はそれぞれ違う（マタイ6・24）。選ぶ決断を。世の中にいて、福音に従って生きるなら、問題が起きる（今日の朗読二テモテ3・12）。キリストを証しする勇気。　2020/06/05

　ミサはイエスの望みへの応えです。「わたしの記念としてこのように行いなさい」（ルカ22・19）。イエスを記念することは、主イエスの死と復活を記念することです。「わたしたちはいま、主イエスの死と復活の記念を行い」（奉献文）。主の死と復活は三位一体の愛の現れ。感謝の祭儀です。神に感謝。　2020/06/06

　二か月の間、コロナ・ウィルス感染症予防のためにミサがなかったが、今日のミサにおいて主の食卓を囲み、イエスと共に私たちをも御父にささげ、また私たちはイエスの体を受け、聖霊に満たされて、イエスと兄弟との一致が深められることを心から神に感謝。全共同体が一緒にミサをささげる日を待ちながら。
2020/06/07　三位一体の主日

　ミサはイエスの死と復活の記念です。私たちに対する御父の愛を考え（ヨハネ3・16）、御父に対するイエスの愛を考え（ヨハネ14・31）、同時に、私たちに対するイエスの愛も考える（ヨハネ15・13）。イエスの死と復活の実りである聖霊が与えられ

たことも考える（ヨハネ16・7）。三位一体の愛に感謝。　　　　　2020/06/08

　ミサは御父への教会の礼拝、感謝、願いです。私たちは聖霊に満たされて、イエスと共に御父に出会うことができるのです。イエスによって、御父の望みを知り、御父と話せます。「聖霊の交わりの中で、あなたと共に世々に生き、支配しておられる御子、私たちの主イエス・キリストによって。アーメン」。　　　　　2020/06/09

　ミサの時、私たちはイエスと一致して、イエスも、私たちも、宇宙万物も御父に献げます。同時に、御父は御子とご自分と御子の愛である聖霊を私たちに与えて、私たちを聖霊の神殿となさいます。兄弟イエスの内に三位一体の神の永遠の命と愛に与って、神の子として生きるのです。何というこの素晴らしさ。　　　　　2020/06/10

　ミサの言葉は複数形。参加者は司祭の祈りを聞くのではなく、皆は司祭と共にイエスの死と復活を思い、イエスと自分を御父に献げます。一人一人の祈りですが、それはイエスに結ばれる共同体の祈りです。兄弟愛は条件です（マタイ5・23）。ミサの初めに神の赦しを願うだけではなく、兄弟の赦しも願う。　　　　　2020/06/11

　イエスが命を献げたのは、全世界の救いのため。「これは、あなたがたのためのわたしの体である」。私たちのため……。ミサが感謝の祭儀と言われて当然です。またミサは神と人間との契約の記念です。「この杯は、わたしの血によって立てられる新しい契約である」。罪びとを子にする新しい永遠の契約です。　　　　　2020/06/12

　ご聖体を拝領する時、それは、イエスがどんなに私たちと結ばれたいかと考える時です。「わたしの肉を食べ、わたしの血を飲む者は、いつもわたしの内におり、わたしもまたいつもその人の内にいる」（ヨハネ6・56）。私たちが聖体をいただきたいと望むよりも、イエスがご自分を与えたい望みの方がはるかに大きい。

2020/06/13

　「聖体の祭日」は主イエスの愛を称え、感謝する日。今日のミサで、聖土曜日に入信の秘跡を受けるはずだった二人の姉妹がその恵みを受けます。二人と私たちの大きな喜び。二人のために祈りながら、自分の功徳によってではなく、ただ神の愛によって受けたこの恵みを感謝すると同時に、神の愛に応えたい。

2020/06/14　キリストの聖体

ミサの共同体は参加者だけではない。与っている人は、教会と共に、すべての人に結ばれて祈る。教皇、司教、司祭たち、すべての信者、特に貧しい人と共に祈る。またミサは全世界の人の救いのために捧げられる。イエスと私の出会いであっても、教会のミサですから、イエスの広い心をもってミサに与る。　　　　　　　2020/06/15

　ミサの時に、「全世界の平和と救いのためになりますように」と「御国が来ますように」と祈ります。その実現のためにイエスはわたしたちをお遣わしになり、主の食卓で、証しする力を与えます。世がまだ受け入れなくても、弟子は地の塩、世の光であるので、主の証しを行い続けます。　　　　　　　　　　2020/06/16

　今年 A 年はマタイの福音の年。その福音で、イエスは神を愛する掟と隣人を愛する掟は最も大切な掟だと教えます。「律法全体と預言者は、この二つの掟に基づいている」と強調します（22・40）。現在、多くの国で人種差別が強くなっています。福音の教えと正反対で、悪魔の行いです。弟子の証しする場です。　　　　2020/06/17

　ミサの私たちの礼拝は、日々の言葉と行動をとおして続けられていないといけません。礼拝を本当にしましたか？　パウロは明言しています。「兄弟たち、神の憐れみによってあなたがたに勧めます。自分の体を神に喜ばれる聖なる生けるいけえとして献げなさい。これこそ、あなたがたのなすべき礼拝です」（ローマ 12・1）。
2020/06/18

　今日「イエスの御心」の祭日。イエスは神の愛を示すために人となられ、謙遜と奉仕でそれを示された。「わたしは柔和で謙遜な者だから、わたしの軛を負い、わたしに学びなさい」（マタイ 11・29）。「人の子が、仕えられるためではなく仕えるために…来た」（マタイ 20・28）。イエスについて行きたい。 2020/06/19　イエスのみ心

　私たちは神に創造された時から神に呼ばれています。しかし、神からの呼びかけに気が付くのは少しずつです。この呼びかけは私たちが断れなくなるまで繰り返されます。神の呼びかけを聞くと、喜びに満たされます。しかし、心を利己心と傲慢心に奪われてしまうと、神の呼びかけは聞こえなくなります。　　　2020/06/20

　神の呼びかけは罪によって消えることはありません。ペトロはイエスの受難の時に三回イエスを知らないと言ったのに、復活されたイエスは、また彼を呼ばれた。「あなたは、わたしに従いなさい」（ヨハネ 21・22）。ペトロはその呼びかけに殉教するまで応えました。
2020/06/21

神の呼び声に応えると、その呼びかけのすばらしさにますます惹かれます。自分が神にこんなに大切にされているのか。聖霊の導きを受けて、自分が年齢を重ねるに従って、その年齢にふさわしい、新しい光を受けます。そして、少しずつ「わが神よ、私のすべてを」と言えるようになります。　　　　　　　　　　2020/06/22

　神はいろいろな年齢で呼んでくださる。小さい時から呼ばれる人もいる。「子供たちをわたしのところに来させなさい。妨げてはならない」（マルコ10・14）。幼児期から、父母、祖父母の誰かから、自分がイエスに愛されていることを聞いた子供は、幸い。神と親しくなる。その信仰の成長を支えたいね。　　　　　2020/06/23

　少年期の前半は、親の教えと仲間の考えとの間で揺れ動く年齢。自由を学び始め、自分の体を上手に支配する事を学ぶ年齢。その間もイエスの呼びかけは必ず聞こえる。祈り続ける者は聖霊の光と力を受け、失敗しても立ち直り、新しく出発できる。力をどこから受けるかを考え、イエスの期待に応えて行く。
　　　　　　　　　　　　　　　2020/06/24　洗礼者聖ヨハネの誕生

　少年期の後半は、生きる道を選択する年齢。将来、結婚して助け合う生活の中で、犠牲無しには愛は無いと悟り、配偶者と子供の幸せのために努力を惜しまない。または、御国の建設のために神に呼ばれていると感じるなら、独身の道を目指す。この二つの道も愛の道。イエスの呼びかけを聞いてそれに従う。　　　2020/06/25

　若者たちは社会人になったら何を目指すべきでしょうか。自分の社会的成功か。将来の自分の家族の幸せか。自分の会社の発展か。社会への貢献か、それとも……。目指すものは人によってさまざまです。しかし、キリストの弟子はいつでもどこでも、キリストの証しをするように神に呼ばれているのです。　　　2020/06/26

　定年の時にも、神の呼びかけが必ずあります。自由時間の使い方、人としての成長、信者としての成長を考える時。忙しい毎日の時に出来なかった事が、出来るようになりますが、それは何か……。キリスト教について学ぶ人もいます。自分にとって、家族にとって、教会と社会にとって、それは尊い時間です。　　　2020/06/27

　年をとっても、神の呼びかけが聞こえてくることは、大きな喜びです。晩年が楽しくなります。ただ死に向かって歩んで行く毎日ではなく、完全な命に向かって歩んで行くことが分かるからです。年をとった人の平和と安心感は、周りの人たちに

も広がっていきます。晩年の時こそ、神への信頼が強くなる時です。　2020/06/28

　ペトロとパウロの祭日。ペトロがイエスを否んだのに、パウロは迫害をしたのに、イエスに選ばれた。二人の性格は大変違ったが、似ている事は一つ、自分が決めた目標を果たそうとしないで、イエスご自身について行こうとした事（ヨハネ21・22、使徒言22・21参照）。弟子も、友イエスについて行きましょう。
2020/06/29　聖ペトロ聖パウロ使徒

　病気の時、神の特別な呼びかけを受ける。闘病しながら、イエスの十字架と一致して、愛する周りの方々のために、その苦しみを捧げるように呼ばれている。最後の病気であれば、イエスの十字架と一致して、自分を神の愛に委ねます。神の愛の内に完全に生きるように呼ばれている、と信じ続ける時なのです。　2020/06/30

　イエスは最後の晩餐で聖霊を与えることについて4回も話され、復活してすぐ弟子たちに聖霊を与えられた（ヨハネ書）。「与えられた聖霊によって、神の愛がわたしたちの心に注がれている」（パウロ、ローマ5・5）。聖霊によって私たちは生きています。これから聖霊について少し考えてみたいですね。　2020/07/01

　「聖霊が、あなたがたにすべてのことを教え、わたしが話したことをことごとく思い起こさせてくださる」（ヨハネ14・26）。聖霊は、イエスが教えた事を悟らせますが、イエスの教えに新しいことを付け加えません。イエスについて話すのはイエスだけです。しかし、語らない聖霊は、弟子に語る力を与えてくださる。
2020/07/02

　聖霊は、炎や水、鳩などで示されるが、父と子と同じ「ペルソナ」です。私たちは「父と子と聖霊のみ名によって」と祈るし、聖霊はイエスと同じように、神がお遣わしになる「弁護者」（ヨハネ書）なので、父と子と同じ「ペルソナ」です。聖霊は直接に人に語る方ではなく、心の中から人を導く神です。　2020/07/03

　弟子が神の子となったことを体感させる方は、聖霊です。「あなたがたが子であることは、神が『アッバ、父よ』と叫ぶ御子の霊を、わたしたちの心に送ってくださった事実から分かります」（ガラテヤ4・6）。「聖霊によって、わたしたちは『アッバ、父よ』と呼ぶのです」（ローマ8・15）。聖霊は祈りの導き手。感謝。　2020/07/04

　聖書には聖霊が話した言葉はありませんが、聖霊は弟子に話す力を与えます。「一

同は聖霊に満たされ、『霊』が語らせるままに、ほかの国々の言葉で話しだした」（使徒言行録2・4）。聖霊が弟子に降ると、彼らは話し始めます。私たちもイエスを証しする力は聖霊から頂くのです。聖霊よ、来てください。　　　　　2020/07/05

　イエスの弟子は、「自由を得るために召し出されたのです（ガラテヤ5・13）」。人を自由にする方は聖霊です。「主の霊のおられるところに自由があります（二コリント3・17）」。キリストの弟子は聖霊の恵みによって、金銭欲、権力欲、肉欲などから解放されて、悟って決めたことを実行する力が与えられます。　　　2020/07/06

　新型コロナ・ウィルスの感染拡大で、世界は困難のただ中。収束を神に祈る時、連帯を深く感じる。確かに南北米大陸の感染拡大は全世界の問題だ。リビア、イエメン、エチオピアの殺しあいなどと同じように連帯を感じないのはなぜか？　関係があまりないとおもうからか？　彼らと連帯して、平和を祈りたい。　　　2020/07/07

　新型コロナ・ウィルスは今日明日に消えるわけではない。収束まで忍耐が必要です。消費社会の影響で、何でもすぐに手に入れたいという心情が強いので、忍耐は難しい。忍耐は何もしないで待つことではなく、明日を創り続ける力です。その効果をすぐ見られなくても。多くの違反は我慢ができるように。　　　2020/07/08

　「希望」の意味には二つあります。一つは「何かを期待する、何かを望む」という事です。「○○を希望する」。もう一つは、「神の助けを信頼して、明日を創り続ける」という事です。「希望をもって神と共に歩み続ける」事です。「信仰、希望、愛」と言う時の「希望」はそれなのです。神の恵みです。　　　2020/07/09

　新型コロナ・ウィルスのために一番苦しんでいる人は、施設に入って人との交流と収入を失った人でしょう。どんなに親しい人とも窓を介してしか会えない、明日からの暮らしをどうしようかなど、その苦しみは計り知れない。このような人を救うために、感染拡大を防ぐために、私たちは何ができるだろうか。　　　2020/07/10

　新型コロナ・ウィルスの感染拡大を考える時、別の感染を考えてしまう。世にある悪の感染拡大です。福音の考え方と世の考え方は違っているとイエスは注意しました。私たちは福音に従って生きようとしているか、それとも世の考え方に感染したまま生きているのか。キリストの弟子は世の光、地の塩であれ。　　　2020/07/11

　新型コロナの感染拡大が止まらない。遊ぶために感染リスクの高い所に自分の身

をさらすことは慎むべきだ。医療従事者や病者に寄り添う人がその命を救うために自分の命を危険にさらして働くのとはわけが違う。感染源になって、自分だけでなく、他の命を危険にさらすことになるかも知れない。命の主は神である。　　2020/07/12

この4か月、教会ではミサも集いも無かった。それでも生活できたし、楽だったと思う信徒はいるだろうか。もしそうなら、その人はイエスとの一致を深めるために来ていたのではなく、掟を守るために来ていたでしょう。しかしこの間も教会の助けがあった。互いのために祈っていたし、心の交わりもあった。　　2020/07/13

新型コロナに感染した人の苦しみを考える時、コロナ禍によって生活が成り立たなくなった人の苦しみも思う。またコロナ禍の中で発生した豪雨災害のために家族を失い、家も失った人の苦しみは、どれほどか。なぜ神はこの苦しみを許すのかと考えがちだが、災いの原因に人間の過ちを認めるべきでしょう。　　2020/07/14

弱い人は、自分の弱さを隠すために暴力を使います。暴力という武器がなければ、自分の主張を聞いてももらえないからです。強い人は、権威によらない心からの言葉と行いによって人を呼びよせることができるのです。どちらが強かったでしょうか？　ヘロデ王かイエスか。迫害者か殉教者か。暴力は弱さの現れです。2020/07/15

明日、三浦海岸教会出身のライモンド石渡洋行助祭が司祭叙階の秘跡を受ける。神に感謝。唯一の祭司イエスはご自分の道具として彼を選びました。司祭はイエスに従って、助けられるためではなく助けるために、イエスについて行きます。自分の力でなく、聖霊の力を頼って進みます。神の恵みが彼の上に。　　2020/07/16

司祭は自分の弱さと神の力を覚えます。神の力は弱さのうちに輝き出るからです（Ⅱコリント12・9）。司祭はみ言葉を伝え、秘跡を御父の慈しみの道具として授け、教会の一致のしもべとなる人です。司祭はみ言葉に親しみ、秘跡を信仰をもって、交わりの一致の人として生きたい。　　2020/07/17

イエスはペトロに三度「わたしを愛しているか」と聞いてから、三度「わたしの小羊を飼いなさい」と言われた（ヨハネ21・15〜参照）。いつも覚えるべき大切な二つの言葉がある。一つは司祭の奉仕の力はイエスを愛することから、もう一つは司祭の世話になる人は司祭の羊ではなく、イエスの羊です。　　2020/07/18

イエスは群衆を見て、山に登って教え始めた（マタイ5・1）。中風の人を見て元気

3.　カンペンハウドーツイッター　　115

にした（マタイ9・2）、息子を失った未亡人を見て憐れに思い、息子を蘇らせた（ルカ7・13）、目の見えない人を見て癒された（ヨハネ9・1）。人を見るイエスの目はすばらしい。その憐みの目でいつも私を見てくださる。　　　　　　　　　　2020/07/19

　イエスはいつも弟子を見ていた。ペトロとアンドレを見て、彼らを呼んだ（マタイ4・18）、海で苦労している弟子を助けた（マルコ6・48）、子供をイエスに近づけないようにした弟子を見て叱った（マルコ10・14）、十字架の上でイエスは母と愛する弟子を見て、お二人を親子にした（ヨハネ19・26）イエスの目。　　2020/07/20

　イエスは私をいつも見ていてくださる。私もイエスを見るようになる。「今は、鏡におぼろに映ったものを見ている。だがそのときには、顔と顔とを合わせて見ることになる」（Iコリント13・12）。イエスは世の光であり、私は人の前でその光を示す者。神の光について少しの間考えたいと思います。　　　　　　2020/07/21

　「神は光であり、神には闇が全くない」（Iヨハネ1・5）。創造の時、神はまず光を造った。「神は言われた。『光あれ』。こうして、光があった」（創世記1・3）。また、人をご自分の子にするために、「世の光である」キリストをお遣わしになりました（ヨハネ9・5参照）。光を受けましょう。　　　　　　　　　　　2020/07/22

　イエスは人々の光である。「言の内に命があった。命は人間を照らす光であった。光は暗闇の中で輝いている」（ヨハネ1・4-5）。神が私たちを「暗闇の中から驚くべき光の中へと招き入れてくださった」（Iペトロ2・9）のは、私たちがこの方の力ある業を広く伝える為です。イエスの弟子は、光を伝える。　　　2020/07/23

　キリストの弟子は洗礼の時から、光の子。洗礼の時「あなたはキリストの光をもたらす者となりました。いつも光の子として歩みなさい」と言われた。パウロの言葉を思い出す、「あなたがたは、以前には暗闇でしたが、今は主に結ばれて、光となっています。光の子として歩みなさい」（エフェソ5・8）、と。神に感謝。　2020/07/24

　「光は、いましばらく、あなたがたの間にある。暗闇に追いつかれないように、光のあるうちに歩きなさい。暗闇の中を歩く者は、自分がどこへ行くのか分からない。光の子となるために、光のあるうちに、光を信じなさい」（ヨハネ12・35-36）。暗闇の力に警戒しながら、光の力を信じましょう。　　　　2020/07/25

　「光が世に来たのに、人々はその行いが悪いので、光よりも闇の方を好んだ」（ヨ

ハネ 3・19）。パウロの言葉。「何事も、不平や理屈を言わずに行いなさい。そうすれば、とがめられるところのない清い者となり…非のうちどころのない神の子として、世にあって星のように輝」く（フィリピ 2・14-15）。　　　　　　　　　　　　　　　　2020/07/26

「光が世に来たのに、人々はその行いが悪いので、光よりも闇の方を好んだ」（ヨハネ 3・19）。パウロはこういう世にいる信者に、「世にあって星のように輝き」なさい、と言っています（フィリピ 2・15）。私たちが周りの人たちのためにキリストの光を輝かせることが出来るように聖霊の導きを願いたい。　　　　　　　2020/07/27

ウィルス禍が収まらず、世界で人々が不安の中に生きている。イザヤの言葉を思いだすと希望が持てる。「闇の中を歩む民は、大いなる光を見、死の陰の地に住む者の上に、光が輝いた」（イザヤ 9・1）。預言されたひとりごは生まれて、世の終わりまで一緒にいてくださるから安心（マタイ 28・20 参照）。　　　　2020/07/28

喜びは福音の特徴。イエスの誕生は喜びでいっぱい（ルカ 1・28、47、2・10）。イエスもご自分の喜びを表した（ルカ 10・21、ヨハネ 15・10-11、17・13）。イエスの復活は喜びの源です（マタイ 28・8）。教皇は喜びについて、使徒的勧告『福音の喜び』と『喜びに喜べ』を書かれた。喜びについて考えてみたい。　　　　　2020/07/29

真の喜びは、神、また人からいただきます。それは続くもの、心を満たすものです。快楽は人が作るものです。一時的なもの、五感を満たすだけのものです。快楽にも良いものと悪いものがある。友人と楽しい時間を味わうことは良い快楽。しかし、欲望を満足させるために人を騙すことは悪い快楽です。　　　　　2020/07/30

イエスの喜びは弟子の喜びです。「これらのことを話したのは、わたしの喜びがあなたがたの内にあり、あなたがたの喜びが満たされるためである」（ヨハネ 15・11）。御父への祈りで「これらのことを語るのは、わたしの喜びが彼らの内に満ちあふれるようになるため」であると（ヨハネ 17・13）。喜びなさい。　　2020/08/01

世を去る前にイエスは御父に「今、わたしはみもとに参ります。世にいる間にこれらのことを語るのは、わたしの喜びが彼らの内に満ちあふれるため」であると祈った（ヨハネ 17・13）。数時間後、ペトロに「父がお与えになった杯は、飲むべきではないか」（18・11）と。イエスの喜びと受難の悲しみ。　　　　　　2020/08/02

パウロにとって、信仰は喜びから切り離せません。あなたがたは、「主において

常に喜びなさい。重ねて言います。喜びなさい」（フィリピ3・1、4・4、Ⅰテサロニケ5・16、コロサイ1・11-12参照）。多くの試練に遭ったパウロの喜びの源泉は何だろうか？それはパウロを導いた聖霊です。
2020/08/03

パウロにとって、喜びは聖霊の賜物です。「霊の結ぶ実は、愛であり、喜び、平和……である」（ガラテヤ5・22）。「主において喜びなさい」（フィリピ3・1）と言ったパウロは、ひどい苦しみの中で聖霊による喜びに至った人を誉めています（Ⅰテサロニケ1・6参照）。聖霊による喜び。
2020/08/04

御国のために苦しみを受ける時も、深い喜びを持ち続けることができる。鞭うたれていたペトロとヨハネは「御名のために恥を加えられるに足る者とされたことを喜びながら、議会から出てきた」（使徒言5・21）。イエスの十字架のいけにえに与る喜び。日本の殉教者を思い出す。
2020/08/05

「神の国は飲食ではなく、聖霊における義と、平和と、喜びである」（ローマ14・17）。義と平和と喜びは神の国の特徴です。義のない所には平和と真の喜びはあり得ない。が、不義な心は正されることがある。ザアカイはそれを示した。回心したザアカイは喜んでイエスを迎えた（ルカ19・1-10）。
2020/08/06　主の変容

十字架の前にイエスは弟子に「わたしは死ぬばかりに悲しい」（マタイ26・38）と言われましたが、最後の晩餐の時には「あなたがたは泣いて悲嘆に暮れるが、世は喜ぶ。あなたがたは悲しむが、その悲しみは喜びに変わる」（ヨハネ16・20）と預言しました。受難の悲しみは復活の喜びに変わる。
2020/08/07

イエスはご自分の喜びが私たちの内に完全になる事を望まれている。「あなたがたも、わたしの掟を守るなら、わたしの愛にとどまっていることになる。これらのことを話したのは、わたしの喜びがあなたがたの内にあり、あなたがたの喜びが満たされるためである」（ヨハネ15・10-11）と話された。
2020/08/08

喜びは自然と周りの人に波及して行きますが、快楽はそれを楽しむ人だけに限られます。私たちは人の快楽を見て、時には心にねたみを覚える事がありえましょう。しかし、自分たちの喜びが本物であるなら、必ず周りの人の心を元気にします。私たちは「喜びの源」である聖母マリア様にそれを祈っています。
2020/08/09

神から存在を受けた全ての被造物は、当然、神との関係を持っている。しかし、

人間だけが神の姿にかたどって造られた（創世記1・26-27参照）ので、特別な関係性を持っている。使命も与えられた。「産めよ、増えよ、地に満ちて地を従わせよ。海の魚、〜〜、生き物をすべて支配せよ」（同28参照）と。　　　2020/08/10

　人は愛である神にかたどって造られました。つまり、愛する者として造られたわけです。愛には自由と責任が伴いますから、神の愛に対する人間の応えは、自由と責任に基づいているはずです。また、神はすべての人を例外なく愛していますので、人間も同じようにすべての人を愛さなければなりません。　　　2020/08/11

　信仰の恵みを受け、洗礼を受けた人は、神との創造の関係は驚く程深くなる。御子と共に生き、御父の子となり、御父と御子の愛である聖霊は人の内に住むようになる。御子と共に全ての人を愛する恵みが与えられます。三位一体の父、子と聖霊の一致とつながります。従って、すべての人は兄弟となるのです。　　　2020/08/12

　聖書によれば、原罪後の初めの罪はカインの殺人です。カインは兄弟を憎み、「わたしは弟の番人でしょうか」（創世記4・9）と兄弟に対する責任を認めない。兄弟との縁を否定することは今でも多くの罪の原因です。愛することは良い関係を保つことです。イエスはすべての人のために血を流されました。　　　2020/08/13

　私たちは、残念ながら、神との愛の絆を破ったり、傷つけたりすることがあります。しかし、神の慈しみによって、その絆を再び生かしたり、癒したりすることができます。それはゆるしの秘跡のおかげです。それによって、神がどんなに私たちとの絆を大切にしておられるかが分かります。　　　2020/08/14

　今日は「聖母の被昇天」の祭日。聖母マリアは教会のシンボルです。三位一体とマリアさまの絆は完全でした。御父の御心を行い、聖霊によって神の御子イエスの母となりました。十字架上のイエスにより、すべての弟子の母となりました。三位一体の三者と私たちの絆も永遠の絆です。マリア様に感謝。

　　　　　　　　　　　　　　　　　　　　　2020/08/15　聖母の被昇天

　私たちはご聖体によって、イエスがお持ちになっている御父と聖霊との絆に与ります。洗礼の時から、私たちは三位一体の命に与っていますが、ご聖体によってその絆は深められます。それだけではなく、イエスのすべての弟子はイエスの内にいるので、ご聖体のおかげで、兄弟姉妹との絆も深くなります。　　　2020/08/16

婚姻の秘跡は一人の男性と一人の女性が死ぬまでの一致を誓うものです。その一致はキリストと教会との一致を表しています。そのキリストと教会との絆を壊すものは一つもありません。同じように夫婦の絆をイエスは必ず守ってくださいます。夫婦の愛はキリストの創造的な愛にも与ります。　　　　　　　　　　　2020/08/17

　キリストの弟子も、いつか必ず死にます。親しかった人との絆はその時には消えるように思われます。しかし、その絆は却って完全な絆になるのです。その絆は愛そのものである神のうちに永遠な絆になります。私たちは復活させられることによって、私たちの愛は全うされて、永遠なものになります。　　　　2020/08/18

　教会はキリストのうちにおける愛の交わりです。教会においてすべての人を兄弟として愛することを学びます。キリストの食卓を囲む共同体で与えられるパンは一致の種です。「パンは一つだから、わたしたちは大勢でも一つの体です。皆が一つのパンを分けて食べるからです」（Ⅰコリント10・17）。　　　　2020/08/19

　横浜教区の司教のモットーは「communio communionum」、即ち交わりの交わり。教会は多くの地域の愛の交わりを含む大きな愛の交わりです。近くの小教区、そして日本の教区だけではなく、世界の共同体はみな唯一の教会です。またカトリック以外の教会との一致のために働くべきです。　　　　2020/08/20

　神の愛が完全に現れた場は十字架です。罪の恐ろしさと神の慈しみの出会いの場です。イエスは自分を殺すほど力のある人の悪をお受けになったが、その恐ろしさを超える無限の愛をもって答えました。「父よ、彼らをお赦しください。自分が何をしているのか知らないのです」（ルカ23・34）。愛の勝利。　　　　2020/08/21

　祈りはキリストに対する愛から湧き出るものです。それは隣人に対する愛の行動を呼び起こします。「互いに愛し合いなさい」（ヨハネ13・34）。行動すると、人の苦労や悲しみ、喜びに出会うので、それをイエスにお話ししたくなり、自然に祈りたくなります。祈りは行動を起こし、行動は祈りを起こします。　　　　2020/08/23

　自分の祈りについて考える前に、何回かイエスの祈りを見てみましょう。まずルカの福音を読みます。イエスの行動は祈りから切り離せません。「大勢の群衆が、教えを聞いたり病気をいやしていただいたりするために、集まって来た。だが、イエスは人里離れた所に退いて祈っておられた」（ルカ5・15-16）。　　　　2020/08/24

弟子を呼ぶ前に「イエスは祈るために山に行き、神に祈って夜を明かされた」。朝になって弟子たちを呼び集めて、十二人を選ばれた（ルカ6・12参照）。また、ある所で祈っておられたイエスの祈りが終わると、弟子の一人がイエスに、「わたしたちにも祈りを教えてください」（ルカ11・1）と願った。　　　　2020/08/25

　弟子の養成の時、「イエスがひとりで祈っておられたとき、弟子たちは共にいた。そこでイエスは、（中略）『あなたがたはわたしを何者だと言うのか』」とお尋ねになった（ルカ9・18-20）。ご変容の時に、祈るために山に登られたが、祈るうちに「イエスの顔の様子が変わり、服は真っ白に輝いた」（9・28-29）。　　　　2020/08/26

　8月27日は大津教会の保護者聖モニカの祝日。聖モニカは家庭の要でした。夫と息子を愛と祈りによってイエスに導いた。母親は子に、歩くこと・話すこと、即ち人との交わりを教え、神との交わりをも教える。良い母は貴重な恵み。大津教会の保護者聖モニカは若い世代のためにも祈っている。感謝。　　　　2020/08/27

　イエスは御父の啓示が小さい者に受け入れられている事に感謝し（ルカ10・21）、ペトロの信仰のために祈り（同22・31）、十字架の前に「跪いてこう祈られた。『父よ、御心なら、この杯をわたしから取りのけてください。しかし、わたしの願いではなく、御心のままに行ってください』」（同22・42）。　　　　2020/08/28

　ヨハネの福音の17章「イエスの祈り」は素晴らしい。祈りの内容は、弟子は御父からイエスに与えられた事（2、6、9、24節）、御父とイエスのように、弟子も一つになるべき事（11、21、22）、弟子はイエスの喜びに与る事（13）、イエスに遣わされる事（18）、皆は御父と御子の愛に与る事（26）。　　　　2020/08/29

　イエスの最後の祈りと言葉は、十字架の時。「父よ、彼らをお赦しください。自分が何をしているのか知らないのです」（ルカ23・34）、強盗に「あなたは今日わたしと一緒に楽園にいる」（同23・43）、そして、いまわの祈りは「父よ、わたしの霊を御手にゆだねます」（同23・46）。御父への信頼。人に対する愛。　　　　2020/08/30

　今日から自分の祈りについて。「祈る」ことは、御父とイエスに話すことですが、御父と御子から聞くことでもできます。『「主よ、お話しください。しもべは聞いております」と言いなさい』（Ⅰサムエル3・9）。神のみ前で沈黙すると、神が話しかけてくださいます。その話を耳で聞くのではなく、心で聴くのです。　　　2020/08/31

一人で祈る事も大切です。「あなたが祈るときは、奥まった自分の部屋に入って戸を閉め、隠れたところにおられるあなたの父に祈りなさい」（マタイ6・6）。共に祈る事も大切です。「二人または三人がわたしの名によって集まるところには、わたしもその中にいるのである」（同18・20）。例えばミサの時。　　　　　2020/09/01

　自分の弱さを認める事は神の恵みです。「わたしを離れては、あなたがたは何もできない」（ヨハネ15・5）のですから、イエスの助けを必要とするのです。パウロの言葉も大切。「わたしを強めてくださる方のお陰で、わたしにはすべてが可能です」（フィリピ4・13）。良い事はすべて神のおかげです。　　　　　2020/09/02

　私たちの日常は、善と悪に囲まれています。人の善い行いを見ると嬉しくなり、神に感謝します。人の罪を見ると、その人の回心を願って祈ります。同時に、その罪の犠牲になっている人のために、今を乗り切る力と希望が与えられるように祈ります。そして、自分が何をなすべきか、何が出来るかを考えます。　　　　　2020/09/03

　神のみ国のために働いている時でも、誘惑を受けることがあります。懸命に働いても効果が見えず、投げ出したくなったり、良い効果が現れた時に、自分の力だと思ったり、周りの人の賞賛を望んだりと、いろいろです。それで私たちは、「主よ、私たちを誘惑に陥らせず、悪からお救いください」と祈るのです。　　　　　2020/09/04

　私たちはアッシジのフランシスコのように、創造された宇宙万物のために、神を賛美し感謝しています。「太陽は美しく、偉大な光彩を放って輝き、いと高いお方よ、あなたの似姿を宿しています……」と。しかし、大自然を賛美するなら、地球環境の保護運動に参加すべきでしょう。祈りと行動の一致を。　　　　　2020/09/05

　聖金曜日の盛式共同祈願の時に、教会は国を治める人たちのためにも祈ります。彼らが自分の国の利益と発展を目指すだけではなく、世界のすべての国、特に貧しい国々との正しい関係を構築することができますように、と。軍事力の拡大強化を図るのではなく、兄弟的な世界の実現を目指して欲しい。　　　　　2020/09/06

　豊かな国づくりのために生産を増強し消費社会を作るが、結果は貧しい国から資源を奪いとることになる。地球上の資源は全人類のもの、一部の国だけのものではない。平和のために祈る時、私たちは、祈りと行動をどのように一致させるか。最低でも、正しい世論を造るために政治家のポリシーを調べよう。　　　　　2020/09/07

先週と今週の福音は赦しについてでした。それで、赦しについて考えてみたいと思います。まず、イエスは御父の赦しであることについて、次に弟子の赦し合う心について考えてみる。「父が憐れみ深いように、あなたがたも憐れみ深い者となりなさい」（ルカ6・35）。愛は赦し合うことを要求します。　　　　　　　　　2020/09/08

　イエスご自身は、御父によるすべての人の赦しです。イエスの十字架の血によって、神は人間との和解をなさった。第二コリント5・18-20を読み、「和解」という言葉を数えてみましょう。またコロサイ1・20では、「十字架の血によって平和を打ち立て…御自分と和解させられ」たと。神に感謝。　　　　　　　2020/09/09

　神は愛です（Ⅰヨハネ4・16）、また、憐れみ深い方です（ルカ6・36参照）ので、安心して神に近づくことができます。見失った羊、放蕩息子のたとえ話（ルカ15）は、イエスと御父の心を明らかに示しています。しかしその慈しみを期待しなければ肩に担がれること、父に抱かれることはありません。　　　　　2020/09/10

　「神は、わたしたちが行った義の業によってではなく、御自分の憐れみによって、わたしたちを救ってくださいました。この救いは、聖霊によって新しく生まれさせ、新たに造りかえる洗礼を通して実現したのです」（テトス3・5）。私たちの良い行いは、神の愛をいただく条件ではなく、結果です。　　　　　　　2020/09/11

　十字架につけられたイエスは、御父に赦しを願った。「父よ、彼らをお赦しください。自分が何をしているのか知らないのです」（ルカ23・34）、と。最初の殉教者ステファノは同じ祈りをしました。石打ちをされても「主よ、この罪を彼らに負わせないでください」と大きな声で祈ったのです（使徒7・59-60）。　2020/09/12

　ルカの福音によれば、復活なさったイエスの最後の言葉の中に、「罪の赦しを得させる悔い改めが、その名（メシアの名＊筆者注）によって、あらゆる国の人々に宣べ伝えられる」（ルカ24・47）とあります。神の赦しは世にとって最高の恵みです。神の限りない憐れみを世に伝えることです。　　　　　　　2020/09/13

　私たちは、ミサの初めに神と兄弟姉妹に赦しを願います。そして主に、「私たちの罪をお赦しください、私たちも人を赦します」と祈ります。神の温かい赦しの中で生きるために、兄弟と赦し合います。「もし人を赦さないなら、あなたがたの父もあなたがたの過ちをお赦しにならない」（マタイ6・15）。　2020/09/14　十字架称讃

マタイは、「祭壇に供え物を献げようとした時、兄弟が自分に反感を持っていることを思い出したなら、供え物は祭壇の前に置き、まず兄弟と仲直りをしてから供え物を献げるように」と言っています（マタイ5・23-24参照）。神に何かを献げる前に兄弟との和解をするように、と。神に献げるものは、愛の心です。　2020/09/15

最後の晩餐の時に、イエスは弟子たちに「あなたがたに新しい掟を与える。互いに愛し合いなさい。わたしがあなたがたを愛したように、あなたがたも互いに愛し合いなさい」（ヨハネ13・34）と言いました。新しい掟は「わたしのように」、愛すること。イエスの愛は憐れみの愛。放蕩息子の兄のような心が私にないように。

2020/09/16

キリストは罪びとを清めるために、十字架の死に至るまで御父の愛に従順でした。御父は人となった御子の死を愛の内に受け入れて復活させました（今日のミサ、Iコリント15・3-4）。御父と御子の愛である聖霊のうちに。私たちは、キリストと共に死んで（清められて）、共に復活しています。信仰の中心です。　2020/09/17

「キリストが復活しなかったのなら、わたしたちの宣教は無駄」（今日のミサ、Iコリント15・14）。聖霊を受けた後、初代教会の宣教は「神はこのイエスを復活させられた〜わたしたちは皆、そのことの証人」（使徒言行録2・32）。初代教会は使徒だけでなく、婦人も多かった（今日の福音　ルカ8・2-3）。　2020/09/18

今日のミサの福音は、種蒔く人のたとえ話です（ルカ8・4-14）。これは種を受ける土地の質について考えがちだが、中心は種の力ではないだろうか。30倍、60倍、100倍の実を結ぶ力を持つ種。イエスが私の心に蒔かれた種が多くの実を結ぶことを願おう。また自分も種を蒔く人になったらどうでしょう。　2020/09/19

今日の主日の福音は、大切です（マタイ20・1-16）。働く努力に応じて神からの報いを目指したり、自分と他人との働きを比べたりするのではなく、働かせていただいたとの心を持つ事。それぞれの力に応じて働けたことを喜ぶ事。そうでなければ放蕩息子の兄になってしまう。主よ、私を使ってください、報いはあなたの愛です。

2020/09/20

今日は、福音記者マタイの祝日。マタイの教会は復活されたイエスの教会、世の終わりまで一緒にいてくださるイエスの教会（28・20）、小さい者の教会、罪びとを招く教会、世に遣わされる教会です。今日の言葉「わたしが求めるのは憐れみであっ

て、いけにえではない」(マタイ9・13)。聖マタイの導きを仰ぐ。　　2020/09/21

　今日の言葉「わたしの母、わたしの兄弟とは、神の言葉を聞いて行う人たちのことである」(ルカ8・21)。マリアにはイエスの母となった最高の恵みに勝る恵みがあった。神のみ旨を行った恵みです。「わたしは主のはしため。お言葉どおり、この身に成りますように」(ルカ1・38)。御心が行われますように。　　2020/09/22

　イエスは弟子を遣わす時、悪霊から人を解放し、心身の病気を癒す力と権能を授け、神のみ国を伝える使命も与え、それが受け入れられない時もあると言われた。その力は神だけに期待するように、と。彼らは信頼して至る所で福音を告げ知らせ、病気を癒した（今日のミサの言葉　ルカ9・1-6)。私たちは？　　2020/09/23

　今日から三日間の福音の問いは、イエスはどういう方か、です。今日、イエスに会いたがっている人は、ヘロデ王。彼の望みはイエスの行う奇跡を見る事だけ。彼はイエスの裁判の時にも会って尋問したが、その時もイエスは黙っていました。問題は、どういう心でイエスに会いたいかという事です（ルカ23・8)。　　2020/09/24

　今日の福音（ルカ9・18)。イエスは、群衆がご自分をどう思っているかと訊いてから、弟子たちにも訊かれた。「神からのメシアです」とペトロ。メシアが民の責任者に殺されるとの答えを彼らは理解できなかった。イエスを知るためには、イエスの死と復活に出会うことが必要でした。私たちはイエスをどう思っている？

2020/09/25

　使徒たちは、メシアが人々に殺されるとのイエスの言葉を理解できなかった。神は全能ではなかったのか。十字架の死はイエスの御父への愛に満ちた従順であり、復活は御父が無限の愛の内に御子を受け入れたのだと悟ったのは聖霊のおかげでした。この二つの愛に私たちは洗礼によって与っています。感謝。　　2020/09/26

　今日のミサ。パウロのフィリピへの手紙の中に、三日間考えたイエスの死と復活の素晴らしいまとめがあります。これは初代教会の讃美歌でしょう。世の終わりまで教会はそれを歌います、特にミサの時に。今日は、聖体拝領を受けて、イエスと結ばれて、心の中でその讃美歌を歌いたいと思います（フィリピ2・6-11)。

2020/09/27

　弟子たちの間にも、一番上位な人はだれかと議論があった。人間の社会では上と

下の位置は大切です。「上に進みなさい」は一つのモットーです。パワーを持つ目標。キリストは小さい者、弱い人、を大事にするように言っています。「人の子が仕えられるためではなく、仕えるために……きた」（マタイ 20・28）。　　　2020/09/28

　今日は大天使ラファエルの祝日で、横浜教区の梅村司教の霊名の祝日です。絶えず変わる社会を福音の光で照らし、神の民を導く使命を持つ司教の務めは重大。教皇と司教団の助けがあるにしても、教区信徒の祈りも必要です。聖霊よ、梅村司教を照らし、力づけて、喜びの内にその使命を果たせますように。　　　2020/09/29

　今日の福音の言葉「鋤に手をかけてから後ろを顧みる者は、神の国にふさわしくない」は大切です。自分にとって実りの多い過去だったか、失敗だらけの過去だったか、どちらであっても、それに縛られず、明日の自分のための力にしよう。過去があるから今の自分があり、明日の自分は今日から始まるのです。　　　2020/09/30

　今日は幼子の聖テレジアの記念日。24歳で亡くなられたこの聖人はヨハネ・パウロ二世によって教会博士とされました。イエスに従うために、小さい者になって愛に生きることを教えてくれました。神の正義をおそれることなく、神の愛に愛をもって応えた（マタイ 18・3 参照）、現代のための聖人です。　　　2020/10/01

　守護の天使は、人に対する神の愛の現れ。私たちを導き、守ってくださる方は勿論神ご自身で、神の聖霊に導かれています。しかし天使も聖人も私たちを見守って祈っています。「主はあなたのために、御使いに命じて、あなたの道のどこにおいても守らせてくださる」（詩編 91・11）。毎日神の愛の中に生きる。　　　2020/10/02

　今日の福音（ルカ 10・17-24）で、イエスの喜びの理由は明らかです。「これらのことを……幼子のような者にお示しに」なった事と、「父がどういう方であるかを知る者は、子と、子が示そうと思う者のほかには、だれも」いない事です。この事をイエスに教えられているので、私もその喜びに与っています。　　　2020/10/03

　「すべてのいのちを守るためのキリスト者の祈り」は今日で終わりますが、「エコロジカルな回心」はまだまだ、不断の努力が必要です。神に創造された大自然を愛し、次世代のために小教区や家庭で何をすべきかを考え、聖フランシスコについて行き、実行することです。残された時間はそれほど多くはない。　　　2020/10/04

　今日の福音は、善きサマリア人のたとえ話です（ルカ 10・25-37）。なんという深

い教えでしょう。「憐れに思い、近寄って……」。パウロの言葉を思い起こします。「山を動かすほどの完全な信仰を持っていようとも、愛がなければ、無に等しい」（Ⅰコリント 13・2）。信仰と愛はお互いに強め合います。　　　　　　　　　2020/10/05

　今日の福音は、マルタとマリアの話です（ルカ 10・38-42）。二人ともイエスを喜ばせたい。しかしイエスに仕えたい者は、何よりもイエスの心を聞きたいはずです。「わたしは柔和で謙遜な者だから、わたしの軛を負い、わたしに学びなさい。そうすれば、あなたがたは安らぎを得られる」（マタイ 11・29）。　　　　　2020/10/06

　御父への祈りを教えて欲しいと願った弟子に、イエスは「主の祈り」を教えます（ルカ 11・1-4）。優しい父である神に祈り、御父の御心を行うことです。私たちは御父に赦しを頂きますので、自分も人を赦す心を持ちます。神の愛は私たちを作り直しますので、私たちも人の心を元気にする恵みを頂きます。　　　　2020/10/07

　信頼をもって祈る事（ルカ 11 参照）。「あなたがたは悪い者でありながらも、自分の子供には良い物を与えることを知っている。まして天の父は求める者に聖霊を与えてくださる」（ルカ 11・13）。聖霊は御父の御子に対する愛、御子の御父に対する愛です。私たちはその無限の愛に与ります。何という恵み！　　2020/10/08

　イエスの福音にいつも反対するものは悪魔です（ルカ 11・15-26）。イエスは悪魔を滅ぼすために世に来られました。イエスが悪魔に徹底的に打ち勝った時は、十字架の死と復活でした。イエスの味方にならない人はイエスに反対し、敵対してしまいます。イエスと悪魔との間に中立の存在はあり得ません。　　　　2020/10/09

　今日の福音。イエスを敬愛するある婦人がイエスの母を誉めた（ルカ 11・27-28）。イエスは「むしろ、幸いなのは神の言葉を聞き、それを守る人である」とお答えになった。神のみ旨を行うことは聖母の優れた心。「わたしは主のはしためです。お言葉どおり、この身に成りますように」（ルカ 1・38）。　　　　2020/10/10

　今日の福音（マタイ 22・1-14）で、人が神の招きを無視することが有り得ると分かる。しかし、第二朗読のパウロの言葉に「わたしを強めてくださる方のお陰で、わたしにはすべてが可能です」（フィリピ 4・13）とあるように、神の招きに応えて、神のみ心を行う力が私たちには与えられる。洗礼と堅信を生かして。　2020/10/11

　「今の時代の者たちは……しるしを欲しがる」（今日の福音 ルカ 11・29）。人が求

めたしるしは奇跡。ヨナのしるしは回心への呼びかけ。イエスも「悔い改めよ。天の国は近づいた」（マタイ4・17）と呼びかけておられる。弟子は奇跡による信仰よりも、イエスがどういう方であるかを知っているので、ついて行く。　　2020/10/12

今日の福音。「あなたたちは……不幸だ」という言葉は悲しい叫びです。小さい掟は守るが「正義の実行と神への愛はおろそかにし」、「人には背負いきれない重荷を負わせながら、自分では指一本もその重荷に触れようとしない」こと。これは今でも誘惑です、自分がしてもいないことを人に押し付けることは。　　2020/10/14

今日の福音も「あなたたちは不幸だ」から始まっています（ルカ11・47-54）。今でも、亡くなった預言者の記念像を造りながら、その教えは無視していることもあります。Martin. L. King を英雄に持ち上げながら、人種差別を行う人もいます。イエスが我慢できないことは、まず、偽善を行うことです。　　2020/10/15

イエスの弟子は反対されると思っても、イエスを証しする。神が見守ってくださるから。日本の殉教者たちは、それを示してくれた。今でも色々な国でキリストの弟子が殺されている。殉教者にとって死は神の内への新しい誕生であり、それを信じている。私たちには死の危険がないが、証しすることができるか。　　2020/10/16

今日の福音は、ルカ12・8-12。ファリサイ派の人々と律法学者がイエスに対してますます攻撃的になるので、近い内にご自分は死に至ると分かっているイエスは、弟子たちの心を準備し始めます。死の危険が無い私たちに、自分の信仰を表す勇気があるか……。その勇気は聖霊が与えてくださいます。　　2020/10/17

今日の福音についてはカトリック横須賀大津教会のホームページを御覧ください。ここでは第一朗読の「イザヤの預言」について一言。神の愛は先にあり、自分の良い行いの報いではありません。良い行いをさせるのは神の愛です。第二朗読でパウロは、良い行いを行う力は聖霊から与えられると言っています。　　2020/10/18

＊　　　　　　＊　　　　　　＊

カンペンハウド神父は、かねて心臓弁膜症の治療経験をもち、2021年2月20日に横須賀・大津教会司祭私室にてやや不調を感じられ、横須賀市立うわまち病院に入院された。とくに大過なく治療の日々を過ごされていたが、3月16日早朝に病状が急変し、帰天された。

　2020年4月10日より、コロナ・ウィルス感染症のために信徒がミサに与ることが困難になり、教会活動も中断を余儀なくされる状況を憂慮し、カンペンハウド神父は、毎朝ツイッターを発信した。

　上に、2020年10月12日までの6ヶ月間にわたる発信を引用掲載したが、その後も、連日、休みなくツイッターの語りかけを続けられた。

　以下には、2021年2月11日、司祭叙階70周年記念ミサ当日の朝に送られたツイッターを、そして以後、2月20日に入院されてからも病室にて日々書かれ、毎朝、送信されたツイッターの中より数篇を掲載する。3月16日朝のツイッターの語りかけは、おそらく前夜15日に書かれたと思われる。送信時刻を、8時30分にセットして、しずかに眠りにつかれたのだろう。

＊　　　　　＊　　　　　＊

　司祭叙階70周年記念感謝のミサ。ヨハネ15・1-8。葡萄の木のたとえ話。記念日は昨年4月2日でしたが、コロナ禍のため延期され、今日行います。これまでにいただいた多くの恵みを神に感謝すると共に、残る日日、さらにイエスにつながって多くの方々のために働けるようにお祈りくださるよう、お願いします。　2021/02/11 8:54

　マルコ8・1-10。福音書がまだないとき、異邦人の国の教会は、パンを増やす奇跡（6・34〜）を自分のためにもあったとして用いた（遠くから来ている＝イスラエルからではない）。マルコはそれぞれの伝統を福音書に入れた。全ての教会は福音が自分のためにもあると考えるのは当然。日本の教会も。　2021/02/13 9:09

　ルカ9・22-25。イエスについて行くなら、イエスが歩んだ道を歩むことになる。自分を捨てて、人に仕えることになる。反対されても歩み続ける。命への道を歩こうとしても、命に反する力が邪魔をするが、それを乗り越える。「わたしのために命を失う者は、それを救うのである」。聖霊の力を切に願う。　2021/02/18 8:32

　朝の祈り。「イエスよ、聖霊を送って、私を御父と人に仕える者にしてください。聖霊よ、私を愛する者になるようにしてください。イエスの弟子、友、兄弟にして下さい。父よ、御子のうちにいつもいるようにしてください。マリアよ、私のため

に祈ってください」。 2021/03/11 20:04

今日の福音（マルコ12・28）は福音の全体のまとめ。四旬節の目標です。めぐみをいただいて努力しましょう。またヨハネの3・16も一緒に読みましょう。

2021/03/12 14:06

ヨハネ3・14-21。四旬節の半ばに、福音のまとめの素晴らしい言葉を味わおう。それは3章16節。「神は、その独り子をお与えになった」。弱い人をいじめ、利用するといった悪のはびこる世の中でも、真理を行う人、神に導かれる人、光の方へ来る人がいる。四旬節の選択、神に導かれますように。 2021/03/14 8:03

ヨハネ4・43-54。王の役人はイエスの厳しい言葉を受けても、信仰を持って願い続けた。イエスへの強い信頼。治るか治らないか分からないとき、イエスへの信頼を持ち続けるための素晴らしい言葉（ヨハネの14・1-3）にある。 2021/03/15 8:31

ヨハネ5・1-3a、5-16。イエスとユダヤ人たちとの対立は強くなる。神に忠実に生きることは、掟を守ることか、神の愛に忠実に応えることか、との判断が大切。掟は神と人とを愛するための大切な道標だが、正しい信仰は正しい判断を必要とする。

2021/03/16 8:30

《聖モニカと聖アウグスチヌス》1986
大津教会　聖堂内陣　ステンドグラス

4.

カンペンハウド神父の日々

—— 宣教の地にて

アンドレ・ヴァン・カンペンハウド神父　宣教の日々から

1.　横浜教区の活動(1)

山手司教館 ——

　カンペンハウド神父は、ベルギー・ブリュッセルに育ち、1943. 09. 05　同地の「現地教会の援助者宣教会（Société des Auxiliaires des Missions）(SAM)の神学校に入学。イエズス会神学校とルーヴェン・カトリック大学に学び、1950. 04. 02. に司祭叙階。

　同年、SAM 宣教会による日本への派遣が決定。年末の出発を前に、家族と降誕祭を過ごしてからロンドンの兄ジャンを訪問。同地から空路イタリア・ローマを訪れ、初めてヴァティカンに滞在する機会をえた。そして北イタリア・ジェノヴァへ向かった。ジェノヴァの港は、探検家コロンブスの縁で名高い。

司祭叙階　1950

１９５１ー１９６２　　山 手 司 教 館

　横浜教区脇田浅五郎司教（第五代）は 1950 年、ベルギー・ブリュッセルの「現地教会の援助者宣教会(SAM)」に日本・横浜教区への司祭 1 名の派遣を要請した。脇田司教は、経験をつんだ外国人司祭の赴任をえて、司教秘書に任命と予定されたようだが、来日したカンペンハウド神父は 26 歳の青年だった。そこで司教は、神父にまず司教の随員・運転手役を指示し、あわせて日本語修得を課した。

　司教の随行運転手の仕事は午前中が多忙で、横須賀市田浦のイエズス会日本語学校に通う時間はなかった。日本語はそれゆえ、午後に時間のある日にかぎって、のちに東宮侍従を務めた伊集院実韶氏、そして逗子教会信徒で『カトリック新聞』記者千葉氏に学んだ。授業料は自費負担。

　この時期は横浜山手司教館で、第二次世界大戦後の混乱のために叙階が遅れていた松村菅和神父、古谷功神父、佐々木治夫神父のグループに加わることができ、日本での宣教ほか、さまざまな教えを受ける良い機会となり、充実した時間を過ごした。

　脇田司教は、1952 年 2 月に病気のために退任。横浜教区荒井勝三郎司教（第六代）が着任された。司教退任後、葉山で仕事をされる脇田司教の手伝いを依頼され、カンペンハウド神父は、同地の東伏見宮邸居宅に転居した。ここはのちに、イエズス孝女会の修道院となった。

　7 月に、脇田司教の引退がヴァティカンから承認され、カンペンハウド神父は山手司教館に戻った。荒井

1951. 01. 04. ジェノヴァから貨物船にて出港。スエズをへて、アデン（イエメン）、コロンボ（スリランカ）、シンガポール（7日間）、マニラ（4日間）、香港（10日間）へ。そして神戸、名古屋をへて、1951. 03. 04. 日曜、朝6時に横浜港着。他国にもまして戦争の傷跡のふかい日本の街並みに眼を奪われた。主日のミサのためか、書状と異なって出迎えがなく、大桟橋で半日を過ごした。昼に山手から谷口賢治神父がこられ、ようやく司教館を訪れることができた。初めて脇田司教に会ったとき、司教はラテン語で話された。

山手教会大聖堂　1933年献堂

1945年　横浜大空襲

脇田浅五郎司教 1947-51

司教のもとで、松村菅和神父とともに、司教秘書の任に就いた。また、山手の「マリアの宣教者フランシスコ修道会」が運営するベビーホームでの朝のミサと夕方の聖体降福式に赴くことになり、仕事もふえた。横浜教区では毎年、若い司祭が誕生する時代で、こうした神父たちが仲間に迎えてくれ、充実した日々を過ごした。毎日曜日、堅信のために横浜教区を回る司教と小教区を訪問し、横浜教区の実情もよく理解できた。

カンペンハウド神父の着任した1951年は、9月8日吉田茂首相がサンフランシスコ講和条約に調印し、日本が第二次世界大戦後のアメリカ占領から独立した重要な年である。ようやく横浜港の大桟橋・山下公園が横浜市に移管される動きや労働組合運動も始まり、また横浜教区の宣教・司牧の体制整備も緒に就いた。

1957年には、国内の各地に「カトリック学生連盟（学連）」の活動が始まり、活発な気運が高まった。各地に本部がつくられつつあり、そうした各地の活動の全体を世話する総指導司祭は、のちに新潟教区司教となる伊藤庄治郎神父が担当した。

「学連」は、東京教区で澤田和夫神父が地区本部指導司祭に、横浜教区でカンペンハウド神父が地区本部指導司祭の役割を担った。

当時横浜教区では荒井司教の方針で、学連はさらに山手学連、三笠学連などに分かれて運営された。学生たちは、東京教区では所属大学のもとに参加する傾向があったけれども、横浜教区では、学生自身の意思で地域の学連に自由に参加できた。こうした横浜教区の学連の活動は活発で、市内南区南太田（現在の住所表記）に学連の活動拠点として小さな家を設け、学連事務所とした。

荒井勝三郎司教 1952-79

横浜教区カトリック学生連盟 1960

ベルギー・ブリュッセルを本拠とするSAM宣教会は、中国で活動したフレデリック＝・ヴァンサン・レップ神父の活動に始まる。この宣教会が日本に派遣した最初の宣教師は、カンペンハウド神父。二人目が土井大司教の秘書を務めたマルセル・デフレン神父（1954年来日）。以後、新宿で活躍したフランス人のジョルジュ・ネラン神父、仙台教区で働いたオランダ人ステファノ・デグクテネール神父（村首/ムラカベ神父と呼ばれた）、そして最も若い新潟教区のアンリ・ホイセゴムス神父となる。

1955. 荒井司教のローマ訪問に際し、カンペンハウド神父は随員を担当。このとき休暇をとり、日本派遣後に初めてブリュッセルの自宅に戻った。神父の母上は、脳溢血のために 1950.04.02. の叙階式にも参加ができず、1955年の帰国時もなお病床にあったが、初めて許可をえて、母上のためにミサをあげる希望がかなった。

レップ神父

学連の家の入手資金を集めるために、学生や関係者はラッフル券を売るような努力を重ね、資金を準備した。「カトリック国際協働会」とも呼ばれたこの学連の家での充実した活動のあり方は、カンペンハウド神父の日本における宣教のひとつの支えとなった。

横浜教区では他方で、カトリックセンター建設の構想が進行した。すでに、荒井司教が 1952年に着任される前に、伊藤神父が市内西区戸部に「横浜カトリックセンター」を開設したが、1952年に荒井司教が着任後、戸部のカトリック・センターをエスコラピアス修道会に移譲し、1956年には磯子教会を開設する運びとなった。さらにその後、市内港南区上大岡に「横浜カトリックセンター」が新設され、南区南太田の学連事務所は閉鎖された。

学連事務所は、上大岡に開館した「横浜カトリックセンター」内に移転し、「学連」のために部屋が用意された。しかし、南太田では独立した家屋で、未信者の青年も集うことができたが、カトリックセンターでは、その一室となったために、参加者に遠慮も生まれ、活動の拡充が進まなかった。カンペンハウド神父は、この点をご自身の反省として、もっと学連のために助言すべきであったと、述べられることが多い。

1955年、荒井司教のローマでの会議への出張が決定。司教には、10年に一度、ヴァティカン訪問が義務づけられているためである。カンペンハウド神父はその随員役を命じられたので、一ヶ月前に離日し、一ヶ月間の休暇を申請してベルギーに滞在後、ローマにむかった。ヴァティカンでの会議後、荒井司教は、横浜教区で会員が働く宣教会・修道会に謝意を表する意向で、ミラノ宣教会、パリ・ミッション、SAM宣教会、コロンバン会、アトメント会、ケベック会などを訪問された。カンペンハウド神父は荒井司教の訪問旅行を準備・手配し、イタリアからスペイン、ポルトガル、フランス、ベルギー、アイルランド、アメリカ、カナダに随行し、帰国した。

レップ神父　1918 年　中国・紹興

カトリック大学　ルーヴェン
（ブリュッセル東郊）

　カンペンハウド神父は、SAM 宣教会から横浜教区に派遣された以後は、同会と接触を持たなかったが、会員籍は同会に保持していた。これは、活動中の国が特別な事態で宣教師にビザ更新を承認しないとき、あるいは宣教師が疾病のために帰国するなどに備えた保全的な措置である。SAM 宣教会はこうした規則とは別に、10 年に一度、アフリカとアジアで活動している会員メンバーの代表者が集まる総会を開いていたので、1962 年、カンペンハウド神父は日本・韓国・台湾・ベトナム・カンボジア地区の代表として参加を要請された。

　1962 年 7 月、カンペンハウド神父は、SAM 宣教会総会出席のためにブリュッセルを訪問した。ところが、この総会にて支援宣教会（SAM）の運営委員長（副会長）および同会神学校校長への推薦が提議され、総会で就任承認・要請の運びとなった。カンペンハウド神父は日本帰国の気持ちも強く、判断に迷ったが、荒井司教に事態を報告し、相談を重ねた。その結果、1962 年 9 月 15 日（悲しみの聖母の祝日）、荒井司教は、カンペンハウド神父が SAM 宣教会運営委員長に就き、横浜教区から退任することを承認するとの通知を送った。

　カンペンハウド神父は、この 1962 年 9 月 15 日から SAM 宣教会に所属をかえ、ブリュッセルを中心とする宣教活動を 1978 年 3 月まで、つまり 15 年 6 ヶ月間ほど、つづけることになる。この間の活動は後述する。1978 年 3 月 4 日、カンペンハウド神父は、横浜教区に復任された。

　なお横浜教区に 1980 年、荒井勝三郎司教の退任にともない、濱尾文郎司教（第七代）が着任され、カンペンハウド神父は以後、長くそのもとで活動した。

濱尾文郎大司教・枢機卿
1980-98

2. 横浜教区の活動（2）

2-1. 磯子教会 ──

　磯子教会は、1957年3月に横浜教区の教会として認可された。初代主任司祭は谷口賢治神父。磯子区の磯子旧道沿いの閑静な住宅地で、まだ屏風ヶ浦の埋め立て以前の静かな海辺沿いの地に位置する。

　やがて横浜市南部の信徒の集まる教会として発展し、信徒の自主的な運営も活発で、1964年には教会委員会（初代委員長福田董）もスタート。仮聖堂建設ののち、現在の聖堂が1978年7月2日に完成・献堂された。カンペンハウド神父は、この新聖堂とともに、初めての主任司祭の仕事を開始した。

磯子教会初期　1957年

磯子教会　献堂式　1978

1978 ― 1981 磯子教会

　ベルギー・ブリュッセルにおける15年余のSAM宣教会の職務と宣教活動に身をおきながらも、カンペンハウド神父はつねに「自分は日本の人間」という意識を持たれていた。ベルギーからアジアを訪問する機会があったときは、数日間でも必ず日本に戻り、滞在されていた。

　1978年3月4日、荒井司教のもと、横浜教区に復任した神父は、まず山手の司教館に勤め、あらためて日本語の再履修に取り組んだ。

　1978年7月1日、カンペンハウド神父は、磯子教会の主任司祭に着任した。すでに日本で1951-1962年に宣教に従事されたカンペンハウド神父だが、中学生時代から任地における宣教を希求してきた神父にとり、最初の小教区教会の主任司祭の職務は、大きな喜びであったろう。

　この当時は、それのみならず、主任司祭に大きな役割が求められた。というのは、第二ヴァティカン公会議の改革が日本の信徒にもひろく認知され、教会の改革を司祭・信徒が共同して実践する重要な時期を迎えたからである。世界各地における典礼の国語化が推進されたので、グレゴリオ聖歌をはじめラテン語聖歌の意義が相対化された。実際、ラテン語の聖歌の歌唱の是非が教会内で議論され、聖歌隊の存続をめぐって共同体のなかで混乱や摩擦も生まれた。「典礼憲章」、「教会憲章」も和訳され、聖歌にとどまらず、典礼全般についても主任司祭と信徒の間で真率な論議がかわされた。

　カンペンハウド神父は、ブリュッセルでのSAM宣教会の体験に即して、教会刷新を提示し、ミサの中での「子供のためのみ言葉の祭儀」や、若人のミサ、またボランティア会、宣教委員会などを次々と発足させた。

2-2. 横須賀・大津教会 ──

カンペンハウド神父の横須賀大津教会への赴任は、神父の横浜教区における以後の活動を予示するようにも思われる。なぜなら、カンペンハウド神父は、のちに教区第2地区の菊名教会、市の中心部の第3地区の末吉町教会に赴任されるけれども、叙階60・70周年は大津教会にて迎えられるからである。

大津教会は、聖堂ほかの施設をすべて一体化する「ホーム・チャーチ」というカンペンハウド神父の構想に即して、1986年に新築・献堂された。

カンペンハウド神父は1979年から横浜教区の典礼委員会に委員として参加し、委員長にも就くなど、大きな貢献を果たされた。1981年からは横浜教区司祭評議会にも参加。また学連の活動も積極的に支援した。

1980年、横浜教区に濱尾文郎司教（第七代）が就かれた。カンペンハウド神父は、専修大学にてフランス語授業も担当。

大津教会　1986年献堂

１９８１－１９８６　　大津教会

カンペンハウド神父は、1981年4月、横須賀・大津教会主任司祭に就いた。後記するように、横須賀・三笠教会主任司祭兼任を視野にいれれば、この大津教会で、1994年までの14年間、宣教活動を続けられ、さらに2007年9月に大津教会の協力司祭を任命されて現在にいたる。すなわち、カンペンハウド神父は、27年間余りを大津教会にて宣教活動をつづけ、いまも信徒とともに生活されている。横浜教区濱尾司教のもとでの赴任下命ながら、カンペンハウド神父はこの海辺の小教区教会との出会いを大事にされてきた。

前任の磯子教会時代から第二ヴァティカン公会議でなされた教会刷新の多様な課題は、小教区でもすこしずつ具体的な努力が試みられた。そのひとつが共同宣教司牧である。これは、地区教会における主任司祭と信徒という伝統的な関係を活性化するために、複数の地区教会の主任司祭間の協力や信徒間の交流をめざす取り組みである。こうした取り組みは、横浜教区濱尾司教の理念にもとづく実践でもあった。

カンペンハウド神父が1986年に横須賀三笠教会の主任司祭に就いたのも、転任ではなく、大津教会との共同宣教司牧という横浜教区の取り組みといえる。

カンペンハウド神父は、1983年5月から1994年4月まで、横須賀刑務所教誨師の任にあった。同所では、プロテスタント牧師、仏教者と面談する機会もあったとのこと。なお、カンペンハウド神父は、この大津教会主任司祭の時期から、横須賀地区プロテスタント中央教会ほかの牧師とすこしずつ交流の機会を持ち、信仰一致のために、信徒・未信徒を問わない新年会などを共催された。

なお、日本カトリック司教団は、第二ヴァティカン公会議の改革提言や前教皇ヨハネ・パウロ2世の来日（1981年）をうけて『日本の教会の基本方針と優先課題』（1984）を全国に呼びかけた。課題には戦争責任も含まれた。1987年「第1回福音宣教推進全国会議」（NICE1）と1993年第2回（NICE2）は教会の刷新を提示した。

2-3. 横須賀・三笠教会 ──

　横浜教区は神奈川県内に七つの小教区の地区を持ち、その第4地区は横浜南部・横須賀・三浦地域を指し、横須賀・三笠教会（1902）、横須賀・大津教会（1952）、三浦海岸教会（1993）、金沢教会（1950）、鎌倉・雪ノ下教会（1948）、鎌倉・由比ヶ浜教会（1913）、逗子教会（1948）からなる。

　横須賀・三笠教会は、徳川幕府が設立した横須賀製鉄所（造船所）に働くフランス人のために開かれた教会（1866）を前身とする長い歴史を持ち、いわば横浜山手教会（1862）と並ぶ歴史を有し、外国人信徒との交流に豊富な経験を持つ。

　カンペンハウド神父は、1988年には三笠幼稚園園長も兼務。1992年、横浜教区一粒会地区担当指導司祭に就いた。

広重（三代）《横浜商館 天主堂ノ図》
1870　横浜開港資料館

1986 ― 1993　　三 笠 教 会

　カンペンハウド神父は、1986年3月、三笠教会主任司祭着任。1987年には濱尾司教に随行して中国を訪問した。共産主義とキリスト教宣教との関係は多重性を帯び、コロンバン会の活動は中国国内で承認されていたが、中国人修道女の活動ほか、あらためて政治と宗教との関係を考える場に立った。濱尾司教との中国訪問はさらに1992年、97年と、あわせて3回に及ぶ。

　1989年3月には、濱尾司教のもとで、三笠教会・大津教会・三浦海岸教会の共同宣教司牧チームを組み、主任司祭チームのモデレーターの役割を担った。

　横須賀市は国際色豊かな伝統をもち、アメリカ合衆国海軍基地に勤務する人たちのほかに、在住外国人の方々が多い。フィリピン出身の信徒も多く、教会にとどまらず、積極的な社会活動も行われてきた。フィリピンの台風被害などに際しての現地の教会や市民への支援活動もよく知られている。カンペンハウド神父は、こうした活動にも協力し、信頼を集めた。

　日本カトリック司教団は、1987年に第1回福音宣教推進全国会議（ナイス NICE）「開かれた教会づくり」を開催した。カンペンハウド神父も注目したが、この改革運動は必ずしも発展に恵まれなかった。

　1991年、神父はポーランドのアウシュヴィッツ・ビルケナウ強制収容所で亡くなられたマクシミリアノ・マリア・コルベ神父のために、ポーランド、ハンガリー、チェコへ巡礼を行った。

濱尾司教と中国訪問　1992年

三笠教会

アウシュヴィッツ巡礼
1991年

2-4. 三浦海岸教会 ——

1954年頃より、信徒の集いが自発的に始まり、1994年秋に三浦市上宮田に「カトリックの家」が開設された。1993年4月、カンペンハウド司祭を初代主任司祭に迎えて献堂式・ミサが行われた。

1993 ― 1994　三浦海岸教会

1993年3月、三浦海岸教会主任司祭。ひきつづき三笠教会・大津教会との司牧チームの活動を行った。

三浦海岸教会　1993年献堂

2-5. 菊名教会 ——

菊名教会は、横浜教区第二地区の教会のひとつ。教皇ピウス10世のもとで1909年に認定された修道会「アトンメントのフランシスコ会」は、菊名新聖堂を1957年に創立。荒井勝三郎司教のもとで新聖堂祝別式を行い、活動をスタートした。

1972年に管轄は同修道会から横浜教区に移り、古谷功神父が初代主任司祭に就いた。同修道会は、鶴見教会 (1948)、新子安教会 (1949) ほか、多くの教会と聖ヨゼフ学園を創立した。

1957年に創建された菊名教会聖堂は、1948年に日本に赴任したベツレヘム宣教会カール・フロイラー司祭 (1912-2000) 設計で、スイス木造建築様式を踏まえる傑出した建築であった。フロイラー司祭は、今日も世界に著名な建築家を輩出する国立チューリヒ工科大学 (ETH Zürich) 出身の建築家で、スイスでは彼の作品研究書も出版されている。

1994 ― 2000　菊名教会

1994年4月4日、カンペンハウド神父は主任司祭に着任。同年4月29日叙階の石川裕之神父が助任司祭に着任され、同じく新任の本柳孝司神父とともに、信徒のさまざまな活動を熱心に支えた。

宣教委員会・典礼委員会・福祉委員会・聖書を読む会・聖歌活動とともに、環境委員会・インド少数民族学生奨学会・滞日外国人と連帯する会・日本カトリック信徒宣教者会 (JLMM) ほか、三人の神父の努力に応じて信徒たちの活動も大きく発展した。とりわけ青年会、中高生の集い、広島巡礼、JLMMのアフリカ出張、青年たちとのアジアへの研修旅行など、若い信徒の育成、信仰の国際性をめぐって意欲的なプランが実行された。

1997年、イスラエルへ巡礼。1999年5月15日、梅村昌弘司教叙階。2000年3月25日、保久要神父司祭叙階。叙階式は、横浜教区第二地区の6教会の協力のもとで鶴見区の聖ヨゼフ学園講堂にて行われた。2000年5月3日にカンペンハウド神父司祭叙階50周年記念(金祝)ミサが開かれた。ベルギーからご兄弟姉妹も来日し、参加された。6月にはブリュッセルにて記念ミサも行われた。

わが国の多くの教会は、第二次世界大戦後に新たに活動を立ち上げ、また第二ヴァティカン公会議後、改革運動に取り組んだから、50年後の2000年頃に教会建築と教会活動を再構築する場面を迎える。菊名教会はこの機運を示す教会のひとつ。

カンペンハウド神父　司祭叙階50周年記念ミサ

菊名教会聖堂　1957年献堂
設計：カール・フロイラー神父

カンボジア研修旅行　1999年
市岡神父（左方）、保久神父・
カンペンハウド神父（右方）

聖母子像ニッチ　2008年
設計：岩間勉神父

1998年2月の信徒総会で、2007年の菊名教会創立50周年を目指して、21世紀に実践すべき新しい教会活動の未来像を描き、あわせて新聖堂の建築計画を検討する「菊名教会ヴィジョン研究会」の設立が決定された。この「菊名ヴィジョン」は、信徒各グループの熱意にあふれた討議・活動をへて、2001年に「菊名ヴィジョン研究会報告書＜みんなの教会ヴィジョン＞」の刊行に結実した。

このように信徒たちが主体的に参加して教会共同体の近未来を多面的に討議し、実現にむけてヴィジョンを追求する活動は、カンペンハウド神父と石川神父・本柳神父の協力によって実現した。

菊名教会　新聖堂　2008年献堂　　設計：村上晶子アトリエ

2-6. 末吉町教会 ──

横浜市の中心である中区伊勢佐木町に隣接する末吉町教会は、わが国のカトリック宣教の歴史に大切な位置を持つ場所にほかならない。日本近代史上、「キリスト教禁教令」太政官布告が廃止されたのは1873（明治6）年2月21日で、大日本帝国憲法が信教の自由を保証したのは1889（明治23）年である。

末吉町教会は1872（明治5）年、フランスから来日したサンモール会の修道女メール・マチルドが日本人のために若葉町に開設した小学校と聖堂に始まる。この学校は周知のように、横浜紅蘭女学校、横浜雙葉学園に発展する。また末吉町教会は第二次世界大戦後、山手教会が駐留軍家族の礼拝空間となったのに対し、日本人市民のカトリック信徒のための拠点の役割を果たした。

つねに、世界各地の現地における宣教の意義を問いつづけたカンペンハウド神父がこの末吉町教会に赴任されたことは、あらためて想起しておきたい。

聖堂内と祭壇　2014年

２００１－２００７　末吉町教会

2000年4月、菊名教会に石川裕之主任司祭が就任し、カンペンハウド神父は菊名教会協力司祭となる。また同年7月から港南教会主任司祭代行を務めた。2001年4月、末吉町教会に主任司祭として赴任。

2001年には、アフリカへの教区司祭の派遣を調査するために、タンザニアへ出張した。横浜教区建設委員会委員長、カトリックセンター検討特別委員会委員長に就く。2002年には海外宣教司祭準備委員会委員長として、その後、横浜教区外国籍信徒司牧担当モデラートルなど、国際的な宣教・司牧のありかたを重視する活動に携わる。

カンペンハウド神父はまた、末吉町教会が市内繁華街に位置する環境で多くの外国人との交流・宣教を担う役割を重視し、さまざまな努力をされた。また教会の運営する聖母幼稚園園長の仕事も、幼児・少年少女と福音を分かちあうという使命にてらして遂行されたといえよう。

タンザニア調査出張　現地の聖堂の前にて

聖堂内と祭壇　2001年

2-7. 大津教会・三笠教会──

1980年代の大津教会時代の信仰一致への試みは、12月のファミリー・クリスマスの集いなどで、大きな成果をおさめたが、それにつづいて聖公会との共同司牧も実践している。たとえば聖公会でのカトリック司祭の説教と、カトリック教会での聖公会司祭の説教など、教会一致の努力がつづけられた。

また小教区における外国人信徒・在住者との交流や支援も着実に進展した。

『カンペンハウド神父　司祭叙階60周年記念誌 Thank you so much, Fr.Campenhoudt』2010年

第1回フィリピン人司牧者協議会
2005年9月19日

カンペンハウド神父　2008年

２００７──　　大 津 教 会・三 笠 教 会

2007年9月、カンペンハウド神父は、大津教会と三笠教会協力司祭に就き、今日にいたる。

2010年4月には、司祭叙階60周年を迎えられた。三笠教会では、フィリピン人信徒とともに記念誌も出版された。2020年4月、95歳で司祭叙階70周年記念（プラチナ祝）を迎えられ、2021年2月11日、大津教会聖堂にて、梅村昌弘司教の司式にて記念ミサがあげられた。

神奈川県小教区司牧者集会から感謝状授与　2009年6月20日

『司祭叙階60周年記念誌』23頁

同　24頁

「カンペンハウド神父さま　日本国内の外国人居留者全てを代表し、あなたがつねに、私たちの生活を支援してくださることに深く感謝します。神父さまは、共同体における私たち信徒の存在に＜光をあて＞、＜眼にみえる＞存在に変えました。もしあなたがいなければ、私たちはずっと裏側に閉じ込められ、誰からも無視されたままだったでしょう。

あなたは私たちを信じ、家族の親しさに気づかせてくれました。そうです、私たちはあちこちの小さな教区に分かれているけれども、イエスのもとで＜ひとつ＞なのですから」（24頁より）。

3. ブリュッセルに
　　生まれ、育つ

ブリュッセル ──

　アンドレ・ポール・ジェルマ
ン・マリー・ヴァン・カンペンハ
ウド神父（André Paul Germain
Marie van Campenhooudt）は、
1924年12月15日、ベルギー・
ブリュッセル市中心部のスカー
ルベーク区に生まれた。正確な
姓の表記・発音はヴァン・カン
ペンハウドだが、日本の慣例で
は姓をカンペンハウドと発音・
表記。本書の記載も同じとする。
　父上 Ernest はドイツ製タイプ
ライター・計算機の輸入・販売
業に従事。母上 Josephine（旧姓
Moyerson）は信仰に篤い家庭の
出身で、12人の兄弟姉妹には教
区司祭1人、修道女3人がいた。

ご両親と　1950年夏

1924－1951　　家庭と学校

　ベルギーは、多文化の交錯する豊かな地域で、ブル
ゴーニュ公国の歴史をあげるまでもなく、中世以降、
イタリア・トスカーナ地方のフィレンツェとならぶヨー
ロッパ・ルネサンス文化の中心地でもあった。伝統的
に「北方ルネサンス」の呼称もこの地を指す。

　すなわち、南のフランス、東のドイツ、北のオラン
ダ、そしてベルギー国内でもブリュッセル首都圏地域、
西のフランドル地域、南のワロン地域と分かれ、言語・
伝統は多様で、各地域間の交易はじめ商業、産業、学
術が活発に発展を遂げた。

　カンペンハウド神父が身につけた他文化・社会への
ひろい関心や、差別を超えたイエスの愛や、自由への
深い理解は、ベルギーの地の伝統で培われたと想像し
て、けっして間違いでない。

　カンペンハウド神父の少年時代のブリュッセルは、
カトリック・反カトリックの軋轢もあったが、母上の
導きからスカールベークのカトリック教区附属のサ
ント・マリー学院（小中高一貫教育校 Institute Sainte-
Marie）に入学した。同校教員の半数は司祭で、小学校
を5年とする特別の学年制をとり、中学校からのラテ
ン語教育など、厳しい教育で知られた。しかし優れた
教員に恵まれ、神父も早くから司祭への道を歩む気持
ちを育んだ。

　神父は、同学院高校の在学中に、ブリュッセル市内
またルーヴェン市にて活動する「現地教会の援助者宣
教会（Société des Auxiliaires des Missions：SAM）」を知っ
た。高校生として参加したボーイスカウト・キャンプ
の指導者がSAM宣教会の若い司祭だったからである。
かれは結核療養のために中国から帰国した人物で、ア
ジアの生活をよく話題にした。

カンペンハウド家は兄弟姉妹 8人で、神父は四男。長男ピエール、次男ジャン、三男ジャックは第二次世界大戦に従軍し捕虜などの経緯から帰国できず、四男の神父が戦時中の4年間は長男の役目を担った。五男トマス、長女マリー・テレーズ、六男フィリップ、次女エレーヌ。カンペンハウド神父は1924年12月22日に受洗、1932年2月2日初聖体、1936年6月10日堅信。

カンペンハウド神父によれば、ブリュッセルにはエキュメニズム的な教会一致促進の土壌があったとのこと。イエズス会神学校でもプロテスタント牧師が来校し、司祭・神学生の食事に同席する場面もあり、カンペンハウド神父は、こうした若き日々の体験を重視されている。

叙階記念の家族会食　1950年4月

SAM宣教会の開設は1930年だが、本書ホイスゴムス神父の寄稿に記載のように、その前史は、ベルギー・ヘント出身のフレデリック＝ヴァンサン・レップ（Frederic=Vincent Lebbe, 1877-1940）の活動に始まる。レップはベルギーの小団体から1901年に中国・北京に宣教のために赴任し、同地で司祭叙階。しかし、ヨーロッパ人によるアジアでのキリスト教布教の立場をとらず、現地の中国人による中国での宣教を発言しつづけた。その主張は、第一次世界大戦後、教皇ベネディクト15世、教皇ピオ11世からも注目された。先端的なレップの活動はベルギーの司祭アンドレ・ボラン（André Boland, 1909-1988）が継承し、SAM宣教会開設へいたる。

SAM宣教会の歴史やそのアジア・中国での活動は必ずしもわが国では知られていない。だが、若きカンペンハウド神父が高校生時代にブリュッセルでこの宣教会の活動に出会い、やがて同会に参加し、司祭叙階後すぐに、1951年1月、横浜教区からの要請に応じて、このSAM宣教会による日本への最初の派遣司祭として横浜港へむかう貨客船に身をおいた事実は、銘記したい。

カンペンハウド神父はブリュッセルのサント・マリー学院高校を卒業し、司祭への道を進むと決めた。しかし当時のSAM宣教会には神学校が設けられていなかったので、1943年、ブリュッセル東方のルーヴェン市のイエズス会ルーヴェン・サン・アルベール学院（Faculte St.Albert de Louvain）に入学した。ただし、第二次世界大戦中の危機的な状況下で、霊的形成の取り組みは容易ではなかった。本来ならルーヴェン市の著名なルーヴェン・カトリック大学の授業に参加できたはずだが、戦時中ゆえ、それは困難であった。カンペンハウド神父自身が、出征で消息不明の3人の兄に代わって、ドイツ軍の空襲のもとで、市内の自宅の両親と妹たちを守らなければならなかった。戦後の1950年に神学校を修了。司祭叙階にあずかった。

4. ベルギー・ルーヴァンの活動

ルーヴァン／ブリュッセル──

　ブリュッセル東のルーヴェン市のルーヴェン大学は、1425年創立のベルギー最初の大学。1834年からルーヴェン・カトリック大学と改称し、ヨーロッパで最も著名な神学大学のひとつとしても知られる。1968年に、従来のルーヴェン市の同大学をオランダ語系大学とし、他方でブリュッセル市南東側のワロン地域のルーヴァン・ラ・ヌーヴ Louvain-la-Neuve にフランス語系大学を新設・開学した。現在のベルギー王国は、ワロン地域とブリュッセル首都圏地域と西側のフランドル地域との三地域からなり、各地域は5州を持つ。ルーヴェン／ルーヴァンという二つの伝統的な地名から誤解も生じやすいけれども、今日、このワロン地域にあるルーヴァン・カトリック大学（UCLouvain）は、ベルギー最大の文系理系総合大学として知られる。

ルーヴァン・カトリック大学神学部

1962 － 1978　SAM宣教会／大学

　1962年7月、カンペンハウド神父は、SAM宣教会総会に日本・韓国・ベトナム・カンボジアなどの代表として出席を要請され、宣教会本部のあるルーヴェンに赴いた。総会議事にて、宣教会運営委員長と宣教会神学校校長への就任が決議・委嘱されたが、予測しなかった事態ゆえ、横浜教区荒井司教と相談を重ねた。9月15日、悲しみの聖母の祝日に、荒井司教より、横浜教区からの退任とSAM宣教会活動従事の認可を受領。宣教会運営委員長と神学校校長への就任が決定した。1972年にはSAM宣教会会長に選出された。

　カンペンハウド神父は、1962年から、SAM宣教会が本部をおくルーヴェン市で生活し、同宣教会が1973年に本部をブリュッセルに移すとともに、同市内に転居し、日本帰国まで同会代表者として生活した。

　カンペンハウド神父は、アジア・アフリカへの宣教師派遣を使命とするSAM宣教会の仕事の先頭に立ち、たびたび各地に出張し、現地での宣教の実情を調査し、改善に努めた。他方で、1968年に開設されたワロン地域のルーヴァン・カトリック大学の神学部非常勤講師として教壇に立ち、ゼミも担当した。同大学での教員・学生との交流や活動は、神父に新しい体験をもたらした。カトリック大学内はひとつの小教区でもあり、その教会助任を担当し、子どもの言葉による母と子と司祭のミサなどを実践した。なお神父は、ルーヴァンの大学にはブリュッセルから通勤した。

　こうした宣教会と大学の活動からカンペンハウド神父は、神学者イヴ・コンガール（1904-95）やアンリ・ドゥ・リュバック（1896-1991）の活動に注目した。この神学者たちは、教皇ヨハネ23世の第二ヴァティカン公会議時代に注目され、教会刷新の重要な担い手と目された。フランスやベルギーで20世初頭から実践されていた労働司祭の役割も再検討された。

レブ神父　1932年
中国・河北省

フィデイ・ドーヌム　1957年

教皇ピウス12世によるこの回勅は、宣教をめぐる能動的な取り組みとして知られるが、すでにSAM宣教会がレブ神父時代から継承してきた実践とは合致しない。なぜなら、この回勅にもとづく宣教とは、ヨーロッパの教区に司祭籍を保持しつつ、5年もしくは10年と期間を限定して宣教地に赴任し、その後、再度ヨーロッパの教区に復任する制度だからである。他方、SAM宣教会は短期赴任ではなく、赴任地への同化を求めた。

なおカンペンハウド神父はこの時期に、ナイジェリア、カメルーンなどのアフリカ、またタイ、セイロン、インド、スリランカカ、パキスタン、ヴェトナムほか、多数の出張を行った。

カンペンハウド神父のベルギーでの15年間の生活は、あくまでSAM責任者としての宣教会活動の拡充を目的とし、第二ヴァティカン公会議の改革議論と直接に関係はなかった。むしろ神父はSAMの宣教活動に関して、ヴァティカンの新方針で窮地に立たされた。

神父は、ブリュッセルで第二ヴァティカン公会議による改革の機運に触れ、その意義には共感を寄せた。だが、SAM宣教会の理念と活動は、ヴァティカンの方針と齟齬も生じた。なぜなら、教皇ピウス12世による1957年4月の回勅「フィデイ・ドーヌム（信仰の贈り物）」を継承した第二ヴァティカン公会議は、宣教を刷新し、アジア・アフリカ・南米における司祭不足を改善するために司祭派遣を推進したからである。SAM宣教会は、宣教のために赴任地で生涯を過ごし、また現地出身の司教のもとに活動するという宣教地の社会・文化を最重視する手続きを守った。それに対し、ヴァティカンの方針は、多くの外国人司祭を宣教地に派遣し、また短・中期間の活動を許可した結果、かえって宣教地の現地人司祭と赴任外国人司祭との間に距離が生まれ、両者の分離する事態を招いた。とりわけ、SAM宣教会の派遣した宣教師は、どちらからも受け入れられない状況を余儀なくされた。SAM宣教会は、入会者も減少したために、宣教者派遣をいったん見送り、会の活動の縮小を検討する局面を迎えた。

カンペンハウド神父は、1962年にSAM宣教会に赴任してから、この困難な課題の対応の責任者として職務に忙殺される日々を長く過ごした。アフリカ、インド、アジアほかの宣教地に出張を重ねたが、アジアへの旅では必ず寸暇を見つけて、数日間でも日本を訪問し、日本での宣教生活を願う気持ちに変わりはなかった。1978年3月、荒井司教から帰任が求められ、再び山手の道を横浜教区司教館へ向かう日を迎えた。

［ヒアリング（2020. 8.24., 9.7., 9.21., 10.14., 10.26., 11.2., 11.23.)／記録／編集＝遠藤俊義・前田富士男］

兄アンドレのこと

エレーヌ・ヴァン・カンペンハウド

　兄アンドレの司祭叙階70年の記念祭について皆さまからお便りをいただき、ありがたく拝読しました。心より感謝申しあげます。

　かつての兄の姿を書きおくるようにとの皆さまのお申し越しは、私にとり大きな喜びです。また、私も記念式典に参加がかなえば、まことに幸いに存じます。

　兄アンドレと私は、11歳ほど離れています。彼が青年になる頃、私はまだ少女時代ながら、いくつか思い出もございます。3人の長兄たちは第二次世界大戦従軍にてベルギーを離れざるをえなかったわけで、その間、アンドレは兄たちに代わる役割をきちんと果たしてくれました。それどころか、アンドレは、爆撃のさなかに、破壊された建物の下敷きになった負傷者を地上に助け出しました。その姿は、はっきりと覚えております。家族を元気づけることも同じで、年上の兄たちがいない家で、両親を安心させるように、何でも率先して行ってくれました。

　そしてアンドレは、神学校にすすみました。とりわけ私は、彼が日本へ旅立つときの場面をいつも思いだします。

　大変遠い国の日本への旅立ちのとき、私たちはブリュッセル駅のプラットホームに集いました。家族や友達は寂しくてたまらず、あの歌《これは、さよならではない》を唱和しました。しかしながら、私たちはアンドレの出発前に大きなお恵みも戴きました。私たちの母は、脳溢血のために移動も困難な容態でしたが、アンドレは司祭になって最初のミサを我が家であげました。司教様が彼に特別の許可を与えて下さったからです。

　その後、別の奇跡もおきました。アンドレが荒井司教様とここに戻ってくれたのです。荒井司教様はローマへの出張の際に、兄とともにベルギーそしてブリュッセルを通られ、我が家に立ち寄ってくださいました。私どもにとり、どれほど名誉な出来事だったでしょうか。

　それからあとの日本での生活は、皆さまがご存じのとおりです。兄アンドレをめぐる私のささやかな思い出が何かのお役にたてば、幸いです。記念祭の準備がうまくいきますように！

　そして、私の兄のために皆さまがご尽力いただきますこと、篤く感謝申し上げます。

2020年10月24日　　　　　　　　　　　　　　　　　　　　　　　　エレーヌ

[遠藤美保子　訳]

Mon frère André

10. 24. 2020.

Je vous remercie pour votre message concernant l'anniversaire de l'ordination de mon frère André. C'est avec grand plaisir que je réponds à votre demande, ainsi je me sentirai faisant partie de la fête...

Mais je dois vous dire que dix ans nous séparent André et moi...j'étais donc encore fort petite quand lui-même était déjà un jeune homme..j'ai cependant quelques souvenirs...je me rappelle bien quand, pendant la guerre, il assumait son rôle de fils aîné, mes trois frères aînés ayant quitté la Belgique.

Pendant les bombardements, il était le premier à être sur les lieux apportant les soins aux victimes sous les décombres..je me souviens qu'il animait nos soirées de ses talents de metteur en scène, aucune fête patronale ou anniversaire ne se passait sans qu'André ait mis en scène quelques animations pour dérider les parents de l'absence des aînés;

Ensuite ce fut son entrée au séminaire...mais je me souviens surtout de son départ pour le Japon ! Un pays terriblement lointain...nous étions sur le quai de la gare de Bruxelles, sa famille et ses amis chantant à tue tête "Ce n'est qu'un aurevoir" !

Mais avant son départ...nous avons eu le bonheur d'assister à son ordination et à sa première messe "chez nous" en famille car notre maman, incapable de se déplacer suite à un AVC a eu le grand bonheur que notre évêque confère à son fils le privilège de célébrer sa première messe à domicile..

Et cependant...d'autres miracles ont suivi..., André est revenu avec son évêque Monseigneur...et ensuite deuxième miracle...André repasse par la Belgique et Bruxelles avec Monseigneur Arai sur le chemin de Rome ! Quel honneur pour nous tous...

Ensuite, le reste c'est au Japon que cela se passe...c'est à vous de raconter !

Bonne chance et pardonnez moi si vous vouliez plus...

je vous souhaite bonne chance pour l'organisation de cette fête et vous remercie très sincèrement de tout ce que vous faites pour mon frère.

  Avec toute ma sympathie.

Bien à vous Hélène

アンドレ・ヴァン・カンペンハウド神父は、2021年2月20日より横須賀市立うわまち病院に心臓系疾患の加療のために入院されたが、3月16日朝に帰天された。

　3月21日、谷脇慎太郎神父は、横須賀・大津教会にて四旬節第5主日のミサを司式され、説教にてカンペンハウド神父帰天を告げ、哀悼の言葉を述べられた。以下は、その記載である

＊　　　＊　　　＊　　　＊　　　＊　　　＊

2021年3月21日　四旬節第5主日　　　　司式　谷脇慎太郎神父
「わたしは地上から上げられるとき、すべての人を自分のもとへ引き寄せよう」
(ヨハネ12・32)

　　第一朗読　エレミヤの預言（エレミヤ31・31-34)
　　第二朗読　ヘブライ人への手紙（ヘブライ5・7-9)
　　福音朗読　ヨハネによる福音（ヨハネ12・20-33)

　さて、祭りのとき礼拝するためにエルサレムに上って来た人々の中に、何人かのギリシア人がいた。彼らは、ガリラヤのベトサイダ出身のフィリポのもとへ来て、「お願いです。イエスにお目にかかりたいのです」と頼んだ。フィリポは行ってアンデレに話し、アンデレとフィリポは行って、イエスに話した。イエスはこうお答になった。「人の子が栄光を受ける時が来た。はっきり言っておく。一粒の麦は、地に落ちて死ななければ、一粒のままである。だが、死ねば、多くの実を結ぶ。自分の命を愛する者は、それを失うが、この世で自分の命を憎む人は、それを保って永遠の命に至る。わたしに仕えようとする者は、わたしに従え。そうすれば、わたしのいるところに、わたしに仕える者もいることになる。わたしに仕える者がいれば、父はその人を大切にしてくださる。」

　「今、わたしは心騒ぐ。何と言おうか。『父よ、わたしをこの時から救って下さい』と言おうか。しかし、わたしはまさにこの時のために来たのだ。父よ、御名の栄光を現してください」。すると、天から声が聞こえた。「わたしは既に栄光を現した。再び栄光を現そう。」そばにいた群衆は、これを聞いて、「雷が鳴った」と言い、ほかの者たちは「天使がこの人に話しかけたのだ」と言った。イエスは答えて言われた。「この声が聞こえたのは、わたしのためではなく、あなたがたのためだ。今こそ、この世が裁かれる時。今、この世の支配者が追放される。わたしは地上から上げられるとき、すべての人を自分のもとへ引き寄せよう。」イエスは、御自分がどのような死を遂げるかを示そうとして、こう言われたのである。

今日、私たちはこの四旬節第5主日のミサの中で、先週の火曜日に帰天されたカンペンハウド神父さまの永遠の安息を願って、神父さまのご遺体を前に、共に私たちの心からの祈りを捧げたいと思います。

　カンペン神父さまは、長い年月、司祭として、しかも異国の地で、「一粒の麦」として自からをささげ、多くの実りを私たちの内にもたらしてくださいました。カンペン神父さまへの感謝と共に、神父さまを私たちに与えてくださった神様に感謝をささげながら、この時を過ごしたいと思います。今日の福音は、間近に控えた聖週間に向けて、より直接的にキリストの受難について語られる箇所が朗読されました。同時に、この箇所は、偶然かも知れませんが、今日、カンペン神父さまのために祈っている私たちにとって、神父さまの司祭としての生き方を表すのに相応しい箇所なのではないかと思います。しかも、神父さまの洗礼名である聖アンデレまで登場します。

　今日の福音は、フィリポから「イエスに会いたい」という人がいますという報告を受けて、アンデレがそのことをイエスに話すところから始まります。神と人とを結び合わせる司祭の役割がこのアンデレの姿から見て取れますし、まさにカンペン神父さまはそのような役割を、生涯を通して示してくださいました。

　カンペン神父さまを通していったいどれほどの人がイエス様と出会うことができたでしょうか。カンペン神父さまが語る言葉を通して、あるいはミサや秘跡を執行する神父さまの手を通して、私たちは確かにイエス様と出会い、イエス様の手に触れることができました。それはカンペン神父さまが70年という司祭生活を通して貫いてきた確かな信念があったからこそ、実現しえたのです。

　カンペン神父さまはご両親から受け継いだイエス様への堅い信仰を持っていて、何の疑いもなく、それを生きてきて、イエス様のことを心から愛していました。そして、この世の苦しみや、いずれ訪れるであろう自らの死についても、信仰の目で受け止め、その苦しみをイエス様の受難と重ね合わせていました。「自分の命を愛する者は、それを失うが、この世で自分の命を憎む人は、それを保って永遠の命に至る」。この言葉は、キリストの生きた姿を語っていますが、同時に、キリストに従い、それに倣って生きた人々にも当てはまります。

　カンペン神父さまも、キリスト者として、そして司祭として、この生き方を全うし、今ご自身が望んでおられた永遠の命に入られました。私たちは、このことに慰めを見いだすとともに、神父さまから教えを受けた者として、改めてこの復活の信仰を新たにしたいと思います。

　私の個人的な話をさせていただくと、私が神学生の時に、長崎教区から横浜教区に移籍をしたとき、私は1年間司教館で生活をしていた時期がありました。当時、

カンペン神父さまは司教総代理でありましたので、毎週一回は司教館に来て、総代理としてのお仕事をし、その日の夕食を共にして泊まって、次の日に帰られていました。長崎から横浜に来た私に向かって、「あなたはもう長崎の人ではありません、横浜の人間です。あなたは宣教師として来ていることを忘れないでください」、そう、いつもおっしゃっていました。

　皆さんご存知の通り、長崎とこちらの教会では、信仰のあり方や、教会の雰囲気も大きく違います。神父さまは、私が長崎で身に付けたことを当たり前だと思わず、また、それにこだわることなく、自分が遣わされたさきの教会、そこにいる人々の状況に合わせて司牧をするのが本当の宣教者としてのあり方なのだと、いつも念を押して私に語ってくださいました。今考えると、それは、カンペン神父さまが貫き通した、宣教師としての姿だったのだろうと思います。戦後の日本に派遣された宣教師として、ヨーロッパの教会の在り方を植え付けるという仕方ではなく、日本を愛し、日本人を愛して、私たちに合った形でイエス様の教えを広めようと努力してこられたのだと思います。それは、一人の人間として多くの犠牲を払ったものであったことが想像できますが、それを喜んで受け入れ、まさに「一粒の麦」としてこの日本の地で命そのものを捧げたのです。

　「一粒の麦は、地に落ちて死ななければ、一粒のままである。だが、死ねば多くの実を結ぶ」。カンペン神父さまがもたらした実りは目に見えて明らかですが、目に見えない恵みも計り知れないものがあります。この実りを享受している私たちは、他の人のため、次の世代のために、自らも「一粒の麦として死ぬこと」が求められています。そして、それは、それぞれに与えられた十字架をキリストと共に背負うことを意味していますが、聖週間を前にした私たちにとっては、特に黙想すべき事柄であります。また、私たちのために犠牲になり、死んで復活したキリストの姿は、ミサの中でご聖体というしるしによって表されます。何よりもミサを大切にしていたカンペン神父さまでしたが、まさに、ミサはカンペン神父さまの司祭としての生涯を凝縮したものであったと、そう感じます。

　今、ここでもカンペン神父さまは私たちと共にミサを捧げてくださっています。大津教会としては、このミサをもって、特にこれまでの神父さまがもたらしてくださった実りに対して、感謝をささげるとともに、神父さまの永遠の安息を、心を合わせて祈りたいと思います。

"C'est par ses meurtrissures
que nous sommes guéris."

《 主の傷によってこそ、
わたしたちは癒やされる 》

　本図は Georges Rouault, *Le Miserere*, Paris, 1951. に掲載の連作最終葉・第58図である。この単行書（ルオー《主よ、憐れみを》、パリ、1951）は、フランスの画家ジョルジュ・ルオー（1871-1958）が1948年に発表した連作版画集《主よ、憐れみを》の全58点を収録した小型本で、カンペンハウド神父はこの1951年の初版本を所蔵する。本記念誌には、この初版本から第1葉（16頁）、第13葉（43頁）、そして最終第58葉（上図）の計3点を転載した。
　ルオーの版画集は、20世紀最高のキリスト教美術作品と評価してよい。人間の傲慢さや憎悪を描き、他方で神の恵み、恩寵、愛を、また人としての母なる敬虔さをテーマとする傑出した連作版画（アクアティント技法）。ルオー自身制作に苦悩し、1922-27年に推敲を重ねたものの、アトリエから出さず、ようやく第二次世界大戦後の1948年になって公開した。
　ヨーロッパでは、新刊本を前年末のクリスマスに書店店頭で売り出す慣例がある。カンペンハウド神父は、1950年12月に自宅で家族とともにご降誕を祝い、12月27日に日本へとブリュッセルを旅立った。本書は、ブリュッセルでクリスマスに購入もしくはご家族か友人からプレゼントされた新刊で、日本の宣教に船出する直前に旅嚢におさめたと思われる。
　カンペンハウド神父は、この一書を70年間、つねに机辺に留めおかれた。

5.

編集後記＋報告

本書『カンペンハウド神父・司祭叙階 70 年記念誌』の出版をめぐって

遠藤 俊義

2019 年 9 月に、当時の横須賀・大津カトリック教会梅田弘子委員長と家嶋綾子副委員長から、カンペンハウド神父さまの「叙階 70 周年プラチナ祝行事」を実行するプロジェクト・リーダーの委嘱を頂きました。

60 周年のダイアモンド祝に引き続くおめでたい行事なので、喜んで引き受けました。幸い神父さまは大変お元気にて、お祝い気分も教会全体に漂う印象でした。プロジェクトは記念のごミサ、お祝いのパーティ、そして記念誌の発刊と三つに分かれ、また夫々に参加者をどう絞るか等の課題を抽出し、解決していくなどスケジュール作成、メンバーの人選等に直ちに着手しました。しかし人選が終わった頃、急に新型コロナ感染症の問題が浮かび上がりました。

この為にプロジェクトの進行を一時停止し、「記念誌」については菊名教会の前田富士男さんと大津教会の西島静夫さんのご支援を頂く事になりました。そして前田さんには大津教会にほぼ毎週のように来ていただき、神父さまに生い立ちから今日までのヒヤリングを行いました。何故こうしたのかというと、記念誌を祝辞の羅列にはしたくないというのが、神父さまの、また前田さんと私の共通の思いだったからです。その他、神父さまが保管されていた色々な資料（例えば NICE ナイス）、写真も拝見した。神父さまの活動の歴史を纏めていく一方で、神父さまが主任を務めた磯子教会、三笠教会、三浦海岸教会、菊名教会、末吉町教会の有志の方々に、またベルギー在住の妹エレーヌさん、新潟のアンリ・ホイスゴムス神父さまに寄稿をお願いしました。ご寄稿はすべて 2020 年末までのご執筆で、本誌書名は神父さま挨拶文（11 頁）の題名です。

新型コロナの感染はとどまるところ知らず、プラチナ祝の予定されたごミサとお祝いのパーティも無期延期となりました。プロジェクトチームは解散とし、記念ミサは教会委員会が主導する方針となりました。その後、2020 年 12 月に予定した記念ミサを 2021 年 2 月に延期し、梅村昌弘司教さまの司式で大津教会にて参加小人数の開催とし、記念誌出版作業は継続となりました。

2021 年 2 月 11 日に司教さまの司式で、磯子、三笠、三浦海岸、菊名、末吉町、大津教会からの少数の参加者でプラチナ祝の記念ミサが大津教会で行われました。その様子は本誌掲載の通りで、神父さまは本当に嬉しそうでした（グラビア頁 + 13 頁以下）。

ところが 2 月 20 日、神父さまは心筋梗塞にて救急車で横須賀市立うわまち病院にご入院。ペースメーカーを装着する手術は上手くいき、リハビリで暫く入院となりました。iPad で送って下さった入院中の写真はお元気そうで素敵な笑顔でした。本をよく読んでおられたそうです。リハビリにも励んでおられ、退院が待ち遠しい日々でした。ところが、3 月 16 日早朝に容体が急変され、眠ったまま天に召されました。お元気の間に本誌を発刊できず、まことに残念ですが、ほぼ完成した本記念誌の内容コピーは、2 月 11 日にお目にかけました。いま本誌の完成を喜んでおられるでしょう。

宣教の小舟を漕ぎつづける
──ヒューマニスト・カンペンハウド神父

前田 富士男

アンドレ・ヴァン・カンペンハウド神父は、しずかに力強く「自由」を説いた──いったい自由に生きる、とはなにか。

ミサの説教とはいえ、これほど、ひろく、深く、重い問いかけは、ほかにない。いま現代に生きる私たちにとって、この問いかけは、難民問題やテロ、感染症状況をあげるまでもなく、ますます切迫の度をましている。人間は本来、自由な存在のはずだが、社会生活では個人の自由は必ず規制される。信仰生活はそれと異なるとしても、キリスト教世界でも、すでに人文主義者（ヒューマニスト）のエラスムスが『自由意志論』(1524) ほかで、議論を呼びかけて、名高い。このヒューマニストは基本的にカトリックの立場から、信仰における信徒の自由意志と神の恵み・救済との調和を基本に、あえて教会の改革を提言した。

しかし、近世・近代から現代社会になると、人間の尊厳と価値を「自由」に追求するヒューマニズムは、急にその羅針盤を見失うように思われる。何をおいても、自然科学的合理性と情報科学的アルゴリズム（定量的問題解決法）が人間生活の「尊厳」と「価値」を覆すようになるからだ。人間存在の限界を見据えるはずの医学や治療といえども、いまでは遺伝子ほか各種の情報の解読に専心する。だが、その情報分析項目に「自由」や「愛」の記載はない。どうやら自由の遺伝子は、存在しないらしい。神の知や愛も、人間の自由意志も、診察室

で受けとる検査結果リストでは、末尾の空欄の中にしか存在しない──現代社会では、こんな比喩も常識とみなされよう。

カンペンハウド神父はしかし、そうした社会状況や歴史を「問いかけ」たり、「説教」したりしない。「教えを説く」のではない。しずかに力強く「語りかける」。

カンペンハウド神父は、イエスの振る舞いに即して、「自由」と「愛」を語りかけて、およそ間然するところがない──「創造主は愛の神として人を創造し、神の愛に応える存在として人を創られた。もし人に自由がなければ、愛に応えられないから、神は、自由を持つ存在として人を創造された。ただし人間は、自由を与えられたことに安住し、自己愛に陥りがちな存在だ。それゆえつねに、愛によって互いに仕え、真の自由を創り育てなければならない」。

カンペンハウド神父の明晰な「語りかけ」を私が初めて耳にしたのは、菊名教会に主任司祭として赴任された 1994 年のことだ。しかし、あまりに真率な語りかけゆえ、無明の私は、これこそ「宣教」の本義だと気づくまでに、しばらく時間を要した。

当時、菊名教会は 2007 年の創立 50 周年記念を期して、新聖堂建設を検討した。新任の主任司祭カンペンさん、また石川裕之神父ほか、信徒すべてが、たんに聖堂新築ではなく、教会活動そのものの見直しに取り組んだ。そうした努力を集約する雑誌『菊名いま』(1995) や、新しい教会像を問う『みんなの教会ビジョン』(2001) も刊行された。青年会・婦人会ほか 20 以上の委員会・サークルが近未来の教会の姿を求めて自発的に熱心な努力を続けた。そうした活動が成立したのは、カンペンハウド神父の「宣教」

の精神が共有されたからにちがいない。宣教は、小さな所属教会にとどまっては成立しない。他地区と、他国と、他文化、つまり「他者」と触れあい、信仰や活動を分かちあわなければ、成立しない。宣教がヒューマニズムに等しい所以である。

この精神は、ヒューマニスト・カンペンハウド神父ご自身の厳しい自戒と他者への感謝に支えられていた。だからこそ、信徒たちの自発的な活動も生まれたのだろう。

「神父を甘やかしてはいけないよ」——カンペンハウド神父はしばしば、にこやかに語られた。だが、これほど信徒の耳に刻まれる言葉もない。というのも、そもそも信仰のコミュニティーで信徒は、教会の導きにすべてを委ねることと個人の自由とに安易に折り合いをつけがちだからである。

自由と愛の揺るぎなさを語りかけ、祈り、同時に、謙虚に恵みに感謝し、「宣教」を実践する姿は、カンペンハウド神父に接した磯子、大津、三笠、三浦海岸、菊名、末吉町ほか各教会の信徒、そして未信徒の方々すべてが感じられたにちがいない。

本書は、カンペンハウド神父の司祭叙階（1950年）の70周年を記念して出版が計画された。その編集・出版で大津教会の遠藤俊義氏をお手伝いすることになり、初めて大津でお目にかかった際に、たとえささやかな一冊でも、二つのポイントを大切にしましょう、との考えにいたった。ひとつはカンペンハウド神父の啓発にあふれた説教＝語りかけの紹介であり、もうひとつは「宣教」を生きる活動そのものの記録である。

具体的に第一は、説教・講述の掲載で、説教集については大津教会西島静夫氏による長年の作成記録から引用させていただい

た。ここに、講演記録の転載を許可されたオリエンス宗教研究所とともに、記して謝意を表する次第である。第二は、横浜教区小教区における宣教活動とブリュッセル・SAM赴任時期のスケッチである。各教会からご投稿の方々に、心から御礼を申しあげたい。あわせて、各教会からコミュニティーの活動記録が次々に散逸するいま、教区のアーカイヴ整備の必要も訴えたい。

こうした編集の過程で、私たちは信徒から寄せられた投稿や写真を拝見しつつ、あらためてカンペンハウド神父の宣教活動の素地としてベルギー・ブリュッセルの文化や伝統を想起することが多かった。なぜなら、この古都一帯は、日本ではさほど紹介される機会に恵まれないけれども、じつはヨーロッパ文化の中心地のひとつで、文化史やキリスト教の歴史でも、きわめて重要な場所だからである。ここは、イタリアとは異なり、多言語・多文化の交錯する変動にみちた土地柄である。ベルギーからみてオランダやドイツはいわばプロテスタント圏であり、またドイツとは第二次世界大戦では砲火を交えた歴史をもつ。

カンペンハウド神父は、その職務にもとづき、育ったご家庭や環境など個人的な記憶を話されなかった。三人の兄上が戦争中に長くドイツに抑留された事実も、ふと口にされたから知ったにすぎない。本書がご家族ほか個人的な写真を掲載し、妹エレーヌさんに投稿をお願いしたのも、すべて編集上の判断で、神父さまの希望ではない。

カンペンハウド神父はただし、教会への奉仕の職に就かれた方が多い家庭に育ったことを大事にされていた。洗礼名アンドレ［アンデレ］について「宣教」の使命にふさ

わしい命名をご両親に感謝する気持ちもつよく感じられた。そこで、宣教とブリュッセル文化の素地に思いを巡らせてみたい。

　使徒アンデレは、洗礼者ヨハネとともに初めてイエスに出会い、メシアだと気づき、兄ペトロ（シモン）をつれてイエスの最初の弟子となったと伝えられる。ガリラヤ湖北岸の漁師町の出身で、イエスの昇天後も、黒海地方ほか、いわゆる小アジア・アナトリア半島で宣教に努めたようだ。パウロに先駆けるような宣教者である。

　使徒アンデレの伝聞的な活動について、ひとつだけ強調すれば、アンデレとパウロの宣教によって、ガリラヤ湖の漁師の小舟が、地中海の船に変容する事態である。ガリラヤ湖の嵐や奇跡は、ギリシア・ローマ文化という大きな海の航海に、そして世界各地への宣教の船路に舵をとる。

　この変化のなかで最重要の船路は、ヨーロッパ中央を北上する川筋である。つまり、地中海のフランス・マルセイユ付近からローヌ川を真っ直ぐに北上し、支流ソーヌ川にはいり、ルクセンブルクからベルギーをへてオランダの貿易港ロッテルダムにいたる船路である。ソーヌ川とムーズ川（オランダ語マース川）の間では短い陸路も必要ながら、この道筋は、ヨーロッパ文化を支えるバックボーン、中枢といってよい役割を担う。というのも、これはまさにギリシア・ローマ文化＝ローマ軍の、そしてキリスト教布教の「針路」になったからだ。ブルゴーニュ・ワイン産地のマコン北のクリュニーのベネディクト会修道院（910）、そしてボーヌ近郊のシトー会修道院（1098）をはじめ、この川筋には多くの修道院と聖堂、また都市が建設された。この川筋の地

域は、15・16 世紀には北方ルネサンスの中核「ブルゴーニュ公国」をつくる。

　このブルゴーニュ公国地域の北端は、ブリュッセルからオランダ・ロッテルダムにまたがる地域で、まさにキリスト教ヒューマニストのエラスムス（1466-1536）はロッテルダムで生まれ育った。かれはパリ、英国、イタリアで活躍し、ベルギーのルーヴェンでも教育活動を展開した。カンペンハウド神父は、ブリュッセルの家庭や、中国での宣教を開拓したSAMの活動から、自由と神の愛を包括するキリスト教的なヒューマニズムの精神を培われた。

　ヒューマニズムと宣教の旅を考える者は、すぐさまSAMのレップ司祭とほぼ同年のオルガニストで医師・司祭のアルベルト・シュヴァイツァー（1875-1965）の存在に気づく。かれは 1913 年に仏領アフリカのガボンに赴き、生涯を布教と医療活動に捧げた。この司祭の生地アルザスもブルゴーニュ文化圏ゆえ、宣教の使命に径庭はない。

　カンペンハウド神父は 1951 年 3 月 4 日、イタリア・ジェノヴァからの長い船路で横浜港に着いた。それから今日にいたるまで、教会は第二ヴァティカン公会議をはじめ、たえず変化にみちた航路をたどった。

　宣教者カンペンハウド神父はしかし、ヒューマニストの小舟を、真っすぐに漕ぎつづけ、無数の船を嵐から守った。その力にいま、心から感謝を捧げたい。

出版事務報告

遠藤 俊義・前田 富士男

　本書の出版は、横須賀・大津教会による
カンペンハウド神父さま司祭叙階 70 周年
記念のプロジェクトの一環として計画され
た。コロナ・ウィルス感染症拡大などのた
めに計画は変更を余儀なくされたが、2020
年夏より編集事務も進捗し、2021 年 2 月
11 日の記念ミサの写真も掲載する内容に
て、刊行予定が具体化した。2 月中旬には
出版社と日程検討の段階になったものの、
神父さまの入院、そして 3 月 16 日には思
いがけず帰天の悲報に接した。その後、滞
りがちな編集作業を再開し、いま発行の運
びとなった。

　ここにカンペンハウド神父記念誌編集委
員会は、本誌の寄稿者の方々とご関係の皆
さまに発行の遅延をお詫びする次第である。
カンペンハウド神父さまには、2 月 11 日
の記念ミサに際し、本書のコピー版 1 部を
作成し、献呈。2 日後に「寄稿ほか拝読し
て感謝です」とのメールをいただいた。

　本書の出版事務には、多くの方々からご
協力ご支援とともに、貴重なご援助も賜っ
た。まず神父さまのお二人の妹、カトリッ
ク国際協働会（AFI）マリー・テレーズさ
んとエレーヌさんに、記して謝意を表した
い。また教区・国内の関係各位にも、ここ
に心から感謝を申しあげる。

　さらに、オリエンス宗教研究所発行の
『福音宣教』からの転載許可をいただいた
編集部岡崎才朗氏と、本書出版を担当さ
れた教友社阿部川直樹氏のご尽力に御礼
を申しあげる次第である。

参照文献

1. 『横浜教区設立 50 周年記念誌　聖心にさ
さげて』カトリック横浜司教区・編集委員会
編、1988 年。
2. 『日本カトリック再建百年記念 1862-1962』
日本カトリック再建百年祭委員会、太陽社、
1962 年。
3. 『第二バチカン公会議　教会憲章』第 2 バ
チカン公会議文書公式訳改訂特別委員会監訳、
カトリック中央協議会、2014 年。
4. 教皇パウロ六世『使徒的勧告・福音宣教』
富沢孝彦訳、カトリック中央協議会、1977 年。
5. ジョルジュ・ネラン『おバカさんの自叙伝
半分——聖書片手にニッポン 40 年間』講談社
文庫、1992 年。
6. 三好千春『時の階段を下りながら——近
現代日本カトリック教会史序説』オリエンス
宗教研究所、2021 年。

図版出典・所蔵

G.p.1, G.p.2, 1-2: 大津教会
G.p.3, 1-2: Cam., 3: Lit.2, 4: Lit.1, 98頁、5: Cam.
G.p.4, 1-2: Cam.、3: 大津教会、4: Cam.
G.p.5, 1-2: 菊名教会、3-4: 末吉町教会
G.p.6, 1: 中川勉、2: 大津教会
*** p.16: Georges Rouault, *Le Miserere*, Paris,
1951, Pl.1.
*** P.26: 加賀千織　*** P.27: 吉岡俊介
*** P.28: 菊名教会　*** P.43: G. Rouault, *Le Mi-
serere*, Paris, 1951, pl.42.　*** p.132: Cam.
*** P.133, 1+3+4: Lit.1. 2: ジャパンアーカイブズ
https://www.jaa2100.org/　*** P.134, 1: Cam.,
2: fr.wikipedia.org　*** P.135, 1: nl.wikipedia.
org, 2: Visbach Decovisie BV/Benelux Press,
3: Lit.1.　*** P.136, 1+2: 磯 子 教 会 http://
isogochurch. qcweb.jp/　*** P.137, 1+2: 大津教
会　*** P.138, 2: 三笠教会 3+4: Cam.　*** P.139:
三浦海岸教会　*** P.140, 1+2+3+4+5: 菊名教
会　*** P.141, 1+2: 末吉町教会、3+4：Cam.
*** P.142:1+2+3, in: *Thank you so much,
Fr. Campenhoudt*, 2020.　*** P.143: Cam.　***
P.144: Cam.　*** p.146: *ENCYCLIQUE 'Fidei
donum'*, Paris, 1957.　*** P.151: 林千枝子
　［略号　G. = グラビア頁　Lit. = 参照文献
　　Cam = カンペンハウド神父所蔵］

主の降誕祭の光が
2021 年を照らして、
幸せの年になりますように。

今まで受けた御恩を感謝して、
新年、よろしくお願いします

カンペンハウド神父　2021 年　賀状

「恵みの力は、弱さのなかでこそ発揮される」
——アンドレ・ヴァン・カンペンハウド神父
　　司祭叙階 70 周年記念

2021 年 11 月 30 日　聖アンドレの祝日 発行
編　集　カンペンハウド神父記念誌編集委員会
　　　　（遠藤俊義・前田富士男）
発行者　阿部川直樹
発行所　教友社
　　　　〒 275-0017
　　　　千葉県習志野市藤崎 6-15-14
　　　　TEL047-403-4818　FAX047-403-4819
　　　　e-mail　info@kyoyusha.com
印刷所　（株）シナノパブリッシングプレス
ISBN 978-4-907991-77-7

"The power of grace is made perfect in weakness"
:The 70th Jubilee of Ordination（Platinum Jubilee）of Priest André van Campenhaudt

©2021
Ed. by Toshiyoshi ENDO & Fujio MAEDA
Kyoyu-sha Publisher
　Fujisaki 6-15-45
　J-2750017 Narashino
　TEL +81-47-4034818
　e-mail　info@kyoyusha.com
printed by Shinano publishing press
ISBN 978-4-907991-77-7